12시간 안에 끝내는 끝내는

HSKK

중국어 말하기 시험

저자 쉬엔 · 시원스쿨어학연구소

중급

S 시원스쿨닷컴

12시간 안에 끝내는 HSKK 중급

초판 1쇄 발행 2023년 10월 30일

지은이 쉬엔 · 시원스쿨어학연구소
펴낸곳 (주)에스제이더블유인터내셔널
펴낸이 양홍걸 이시원

홈페이지 china.siwonschool.com
주소 서울시 영등포구 국회대로74길 12 시원스쿨
교재 구입 문의 02)2014-8151
고객센터 02)6409-0878

ISBN 979-11-6150-774-3
Number 1-410206-23230400-06

12시간 안에 끝내는

HSKK

중국어 말하기 시험

저자 쉬엔 · 시원스쿨어학연구소

중급

S 시원스쿨닷컴

HSKK 시험 소개

① HSKK 개요

1 HSKK는 '汉语水平口语考试' 한어병음의 약어로, 중국 교육부령에 의거, 중국 교육부에서 출제, 채점, 및 성적표 발급을 책임지는 회화 능력 평가 시험이다.

2 HSKK는 제1언어가 중국어가 아닌 사람의 중국어 회화 능력을 평가하기 위해 만들어진 중국 정부 유일의 국제 중국어 능력 표준화 고시로, 일상생활과 학습 및 업무상 필요한 중국어 운용 능력을 중점적으로 평가하는 시험이며, 현재 세계 112개국가, 860개 지역에서 시행되고 있다.

3 HSKK는 초급, 중급, 고급으로 나뉘며, 급수별로 각각 실시된다.

② HSKK 등급별 수준

HSKK 등급	HSK 등급	수준	어휘량	국제중국어 능력 기준
HSKK 초급	HSK 1급	중국어로 익숙한 일상생활의 화제에 대해 듣고 이해하며, 기본적인 일상회화를 진행할 수 있다.	약 200개	1급
	HSK 2급			2급
HSKK 중급	HSK 3급	중국인과의 교류에서 듣고 이해할 수 있으며, 중국어로 비교적 유창하게 회화를 진행할 수 있다.	약 900개	3급
	HSK 4급			4급
HSKK 고급	HSK 5급	중국어로 듣고 이해할 수 있으며, 유창하게 자신의 견해를 표현할 수 있다.	약 3000개	5급
	HSK 6급			

③ HSKK 용도

1. 국내외 대학(원) 및 특목고 입학·졸업 및 학점 수여에 대한 평가 기준
2. 중국 정부 장학생 선발 기준
3. 각급 업체 및 기관의 채용 및 승진을 위한 평가 기준

④ HSKK 성적 조회 및 성적표

1. HSKK 성적은 시험일로부터 1개월 후 성적 조회가 가능하다.
2. HSKK 시험 개인 성적표는 시험일로부터 45일 후 수령이 가능하다.
3. HSKK 성적은 시험일로부터 2년간 유효하다.

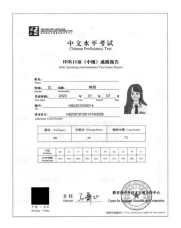

⑤ 시험 당일 준비물

신분증, 수험표

＊시험 당일 신분증 미지참자는 입실이 불가합니다.

HSKK 중급 소개

① HSKK 중급 수준

1. HSKK 중급은 《국제중국어능력기준》 3, 4급과 《유럽공통언어참조프레임(CEF)》 B급에 해당하는 수준이다.

2. HSKK 중급에 합격한 응시자는 원어민과의 교류에서 듣고 이해할 수 있으며, 중국어로 비교적 유창하게 회화를 진행할 수 있다.

② HSKK 중급 응시 대상

HSKK 중급 시험은 매주 2-3시간씩 1-2년 중국어를 학습하고, 약 900개의 상용 어휘와 관련 어법을 마스터한 응시자를 대상으로 한다.

③ 시험 내용 및 시험 구성

시험 내용		문항 수	시험 시간
시험 진행에 앞서 응시자 정보(이름, 국적, 수험번호 등)에 대한 질의 응답이 이루어짐			
제1부분	听后重复(듣고 따라 말하기)	10문항	5분
제2, 3부분 준비 시간			10분
제2부분	看图说话(그림 보고 설명하기)	2문항	4분
제3부분	回答问题(질문에 대답하기)	2문항	4분
총계		14문항	약 23분

④ 시험 성적 및 결과

HSKK 중급은 100점 만점으로 총점 60점 이상이면 합격이며, 성적은 시험일로부터 2년간 유효하다.

HSKK IBT 시험 순서 및 녹음 내용

❶ 시험 순서

1. 고사장 및 좌석 화인: 수험표 번호로 고사장 및 좌석 확인

2. 시험 안내: 감독관이 응시자 본인 확인 및 유의사항 안내, IBT 시험 응시 매뉴얼 설명

3. 언어 선택

    한국어, 중국어, 영어, 일본어 중 한 가지 언어를 선택

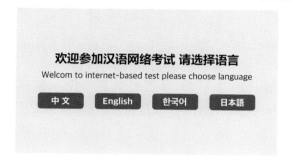

4. 응시 주의사항 및 로그인

    '수험 번호'와 '비밀번호'를 입력하는데, 시험 당일 모니터 하단에 부착되어 있음

5. 응시자 정보 확인

    로그인 후 화면에 뜬 응시자 정보가 맞는지 재확인

6 헤드셋 음량 체크 및 마이크 테스트

① 试听(테스트 듣기)

클릭 후 헤드셋 소리가 나오는지 확인

양쪽의 +, - 버튼을 눌러서 볼륨 조절 가능하며, 확인 후 한 번 더 클릭하여

재생 정지

② 录音(녹음)

클릭해서 음성이 잘 녹음되는지 확인후 한 번 더 클릭하여 녹음 정지

테스트 녹음 시, 무슨 말을 해야 할 지 모를 경우 수험표를 읽으면 됨

③ 播放(녹음 재생)

클릭해서 녹음된 소리 확인후 한 번 더 클릭하여 재생 정지

* 위의 3가지 사항을 반드시 체크해야 하고, 시험 중간에는 별도의 체크 시간이 없습니다.

7 시험 문제 다운로드

시험 문제는 자동으로 다운로드가 되고, 시험 대기 화면으로 넘어감

8 시험 진행

❷ 시험 순서

1 응시자 정보 질의 응답

❶ 오른쪽 상단에 남은 시간 표시

❷ 응시자 정보 질의 응답을 녹음하는 동안 마이크 볼륨이 활성화되어 녹음바가 움직임

❸ 답안지 제출: 답안지 제출 버튼을 클릭하면 시험이 종료되므로, 반드시 시험을 모두 끝내고 눌러야 함

① 你好, 你叫什么名字?

안녕하세요, 당신의 이름은 무엇입니까?

▶ 我叫○○○。

제 이름은 ○○○입니다.

② 你是哪国人?

당신은 어느 나라 사람입니까?

▶ 我是韩国人。

저는 한국인입니다.

③ 你的序号是多少?

당신의 수험번호는 몇 번입니까?

▶ 我的序号是○○○○○。

제 수험번호는 ○○○○○입니다.

※ 수험번호는 총 18자리로 매우 긴 숫자이지만, 끝에 5자리만 답변하면 됩니다.

2 제1부분 시험 안내

好，现在开始第一到十题。每题你会听到一个句子，请在"嘀"声后重复这个句子。现在开始第一题。

지금부터 제1~10번 문제를 시작하겠습니다. 당신은 문제마다 한 문장을 듣게 되는데, '삐'소리 후 이 문장을 그대로 따라 말하세요. 지금부터 1번 문제를 시작합니다.

❶ 오른쪽 상단에 남은 시간 표시
❷ '삐'소리 후 답을 녹음하는 동안 마이크 볼륨이 활성화됨

3 제2, 3부분 준비 시간 안내

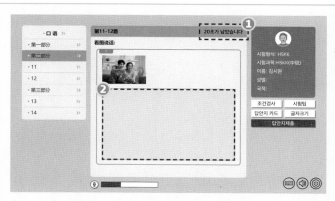

好，现在开始准备第十一到十四题。可以在试卷上写提纲。准备时间为10分钟。

그럼 지금부터 제11~14번 문제를 준비하세요. 시험지에 개요를 메모해도 좋습니다. 준비 시간은 총 10분입니다.

❶ 오른쪽 상단에 남은 시간 표시
❷ 메모 작성란에 중국어, 영어, 한글로 입력 가능하며, 점수에 반영되지 않음

4 제2, 3부분 시험 안내

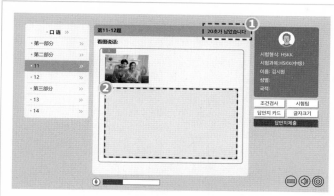

准备时间结束。现在开始第十一题。

준비 시작이 끝났습니다. 지금부터 11번 문제를 시작하세요.

第十一题结束。现在开始第十二题。

11번 문제가 끝났습니다. 지금부터 12번 문제를 시작하세요.

1 오른쪽 상단에 남은 시간 표시

2 메모 작성란에 중국어, 영어, 한글로 입력 가능하며, 점수에 반영되지 않음

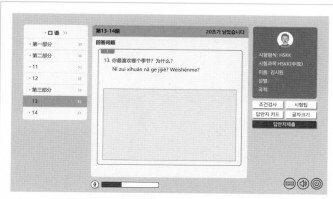

第十二题结束。现在开始第十三题。

12번 문제가 끝났습니다. 지금부터 13번 문제를 시작하세요.

第十三题结束。现在开始第十四题。

13번 문제가 끝났습니다. 지금부터 14번 문제를 시작하세요.

5 시험 종료 안내

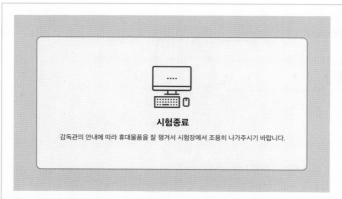

好，考试现在结束，谢谢你！
이제 시험이 끝났습니다. 감사합니다!

＊시험 종료 후 감독관의 지시에 따라 조용히 퇴실하시기 바랍니다.

중국어 입력 TIP

- 일반적으로 IBT 시험장에 搜狗输入法(중국어 입력기)가 설치되어 있으므로, 미리 다운로드 후 연습해 보는 것이 좋습니다.
- Alt+Shift 키를 동시에 누르면 중국어 자판으로 변경되며, 마우스로 클릭하여 변경도 가능합니다.
- [ü] 발음은 중국어 입력할 때 알파벳 [v]를 입력하면 됩니다.
- 단어나 문장 단위로 입력하면 상용 중국어로 입력되기 때문에, 한자 오탈자를 줄일 수 있습니다.

12시간 학습 플랜

1시간

[제1부분]
- ☐ 상황이나 상태 관련 문장
- ☐ 여러가지 특수 구문

2시간

[제1부분]
- ☐ 부탁, 금지, 요청 관련 문장
- ☐ 감정 표현 관련 문장

3시간

[제1부분]
- ☐ 의문문과 복문
- ☐ 제1부분 복습

4시간

[제2부분]
- ☐ 여가 활동
- ☐ 일상 생활

5시간

[제2부분]
- ☐ 학교, 공부
- ☐ 직장, 비즈니스

6시간

[제2부분]
- ☐ 감정, 축하
- ☐ 제2부분 복습

7시간

[제3부분]
- ☐ 취미나 취향
- ☐ 일상, 생활

8시간

[제3부분]
- ☐ 학교, 공부
- ☐ 직장, 회사 생활

9시간

[제3부분]
- ☐ 건강
- ☐ 환경

10시간

[제3부분]
- ☐ 인물 소개
- ☐ IT

11시간

[제3부분]
- ☐ 중국, 여행
- ☐ 가치관, 견해

12시간

[제3부분]
- ☐ 제3부분 복습
- ☐ 실전 모의고사1, 2

이 책의 구성 및 특징

1 최신 출제 경향 및 공략 비법으로 HSKK 확실하게 파악!

HSKK에 자주 출제되는 주제 및 질문을 분석하여 출제 경향을 한눈에 보기 쉽게 정리하였습니다. 출제 트렌드를 파악하여 철저하게 준비할 수 있습니다.

2 기본 개념 및 주제별 어휘 · 표현 · 필수 패턴을 제시하여 기초부터 실전까지 완벽 학습!

HSKK에서 반드시 알아야 할 어법과 각 파트에서 중요한 주제별 어휘 · 표현 · 필수 패턴을 한눈에 보기 쉽게 정리하여 각 유형에 맞게 완벽하게 학습할 수 있습니다.

3 출제 경향에 맞는 문제 유형 및 상세한 모범 답변으로 HSKK 완벽 대비!

출제 경향에 맞는 문제 유형을 풀어보면서 실제 시험에 익숙해지도록 연습이 가능합니다.
또한 시험에서 자연스럽게 말할 수 있도록 모범 답변에 중국어 끊어 읽기와 강세를 제시하였습니다.

4 실전 모의고사를 제시하여 확실하게 실전 대비!

실전 느낌 100% 살릴 수 있는 모의고사 3회분(교재 2회+온라인 1회)을 제공하였습니다. 실제 시험과 동일한 구성 및 문제 유형이 제시된 모의고사를 풀어보면서 실전을 완벽하게 대비할 수 있습니다.

5 원어민 강사의 코칭 서비스로 정확한 발음 및 표현 학습 가능!

원어민의 1:1 코칭 및 첨삭 서비스로 말하기 실력을 한층 더 탄탄하게 다질 수 있습니다. 원어민 코칭은 시원스쿨 중국어 코칭 카페 접속⟨cafe.naver.com/siwonschoolchina⟩ 한 후, 본인이 직접 작성한 스크립트를 읽고 녹음 파일을 업로드하면 원어민의 코칭을 받으실 수 있습니다.

다양한 부가 서비스 제공으로 합격 보장!

① 원어민 MP3 음원 및 고사장 소음 버전 MP3 음원

② HSKK 필수 기출 어휘 암기 영상

③ 말하기 트레이닝 영상

④ 영상으로 보는 실전 모의고사(1회분)

① 시원스쿨 중국어 (chia.siwonschool.com) 홈페이지 로그인▶학습지원센터▶공부자료실▶도서명 검색한 후 무료로 다운로드 가능합니다.

②, ③, ④는 유튜브에 도서명 '12시간 안에 끝내는 HSKK 중급'을 검색하여 시청 가능합니다.

목차

제1부분 제1부분 듣고 따라 말하기

제2부분 그림보고 설명하기

听后重复
듣고 따라 말하기

제1부분은 제시된 문장을 듣고 '삐'소리가 나면 그대로 따라 말하는 영역으로, 총 10문제가
출제되며 시험 시간은 약 5분이다.

녹음된 문장은 한 번씩만 들려주기 때문에 잘 들어야 하고, 한 문제당 약 10초의 답변 시간이
주어지므로 서둘러 말하지 말고 정확한 발음과 성조를 생각하며 말해야 한다.

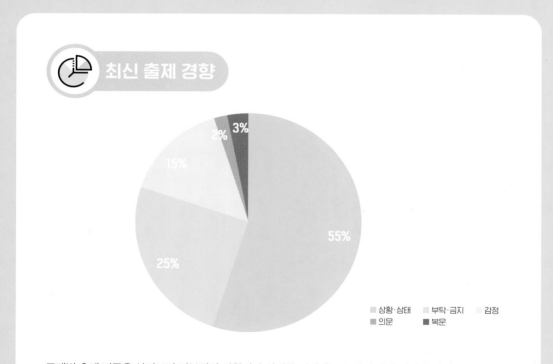

최신 출제 경향

■ 상황·상태 ■ 부탁·금지 감정
■ 의문 ■ 복문

주제별 출제 비중을 살펴보면 기본적인 상황이나 상태를 나타내는 문장이 가장 많이 출제되고, 그 다음으
로 부탁이나 금지를 나타내는 문장이 출제된다. 감정을 표현하는 문장이나 의문문도 자주 출제되기 때문
에 감정을 나타내는 어휘들을 잘 외우는 것이 중요하다. 마지막으로 시험의 난이도가 높을 때는 복문도
출제되기 때문에 접속사도 놓치지 말고 공부해야 한다.

쉬엔 쌤의 **공략비법**

핵심1 **기본적인 어법 지식을 알아야 한다.**

HSKK 중급 제1부분은 대부분 HSK3급이나 4급 쓰기 제1부분의 문장이 출제되기 때문에 필수 어법을 알면, 그 구조를 토대로 문장을 잘 기억할 수 있다. 따라서 HSK3~4급 쓰기 제1부분의 어법 포인트를 공부하고 관련 문장을 많이 듣고 말하는 연습을 하는 것이 좋다.

핵심2 **끊어 읽기와 강세에 유의해야 한다.**

한국어도 끊지 않고 이어서 말하면 이해하기 힘들 듯이 중국어도 끊어 읽기가 매우 중요하다. 기본적인 끊어 읽기 규칙을 이해하고, 실제 녹음에서 들려준 호흡 그대로 기억하고 따라서 읽는 것이 가장 좋다.

핵심3 **짧은 문장부터 듣기 훈련을 해야 한다.**

처음부터 길고 복잡한 문장을 듣고 바로 외워서 정확하게 따라 읽기 어렵기 때문에, 짧은 문장으로 듣기 훈련하는 것이 좋다. 익숙해진 다음에는 문장의 길이를 늘려 연습해야 한다.

핵심4 **듣고 따라하는 쉐도잉 연습을 꾸준히 해야 한다.**

듣고 바로 따라 읽는 쉐도잉 연습으로 듣기는 물론 발음과 성조까지 바르게 교정할 수 있다.

01 상황이나 상태 관련 문장

이것만 공부하자! 필수 어법

/ 끊어 읽기   ■ 강세

❶ 형용사 술어문

문장구조   주어 + (정도부사) + 형용사 술어

예시 这个教室/真大。

Zhège jiàoshì zhēn dà.

이 교실은 정말 크다.

쉬엔 쌤의 풀이 꿀팁1

1 형용사 술어문은 주어 뒤에서 끊어 읽어야 한다.
2 정도부사는 강조하면서 읽어야 한다.
3 사람의 성격이나 외모를 묘사하는 단어 꼭 외워두어야 한다.

❷ 동사 술어문

문장구조   주어 + 동사 술어 + 목적어

예시 我想吃/冰淇淋。

Wǒ xiǎng chī bīngqílín.

나는 아이스크림을 먹고 싶다.

쉬엔 쌤의 풀이 꿀팁2

1 동사 술어문은 대부분 술어 뒤에서 끊어 읽어야 한다.
2 짝꿍 어휘를 많이 알고 있으면 문장을 쉽게 기억할 수 있다.
3 부정문에서는 부정을 나타내는 부사를 강조하며 읽어야 한다.

❸ 是자문

문장구조 주어 **+** 是 **+** 목적어

예시 今天是/中秋节。
Jīntiān shì Zhōngqiū Jié.
오늘은 추석이다.

쉬엔 쌤의 💡 풀이 꿀팁3

1. 주어가 짧을 때는 '是' 뒤에서 끊어 읽고, 주어가 길 때는 '是' 앞에서 끊어 읽어야 한다.
2. '是자문'은 주어에 대한 설명이 대부분이므로, 주어를 강조하여 읽어야 한다.

❹ 有자문

문장구조 주어 **+** 有 **+** 목적어

예시 房间里/有一个沙发。
Fángjiān li yǒu yí ge shāfā.
방 안에 소파가 하나 있다.

쉬엔 쌤의 💡 풀이 꿀팁4

1. 소유에 관한 '有자문'이나 '존현문'이 시험에 많이 출제된다.
2. 대부분 '有자문'은 '有' 앞에서 끊어 읽어야 하고, '有자문'에서는 앞 뒤에 나오는 주어와 목적어에 강세를 넣어 읽어야 한다.

⑤ 부사어

문장구조 **주어 + 부사어 + 술어 + 목적어**

예시 车/慢慢地/开走了。
Chē mànmān de kāizǒu le.
차가 천천히 출발했다.

쉬엔 쌤의 풀이 꿀팁5

1 부사어는 대부분 수식하는 역할로, 강조해서 읽으면 문장의 뉘앙스를 더 잘 살릴 수 있다.
2 '已经……了'처럼 자주 나오는 패턴은 통째로 암기하는 것이 좋다.

⑥ 보어

문장구조 **주어 + (동사) + 목적어 + 동사 + 得 + 보어**

예시 她说话/说得/特别慢。
Tā shuōhuà shuō de tèbié màn.
그녀는 말을 매우 느리게 한다.

쉬엔 쌤의 풀이 꿀팁6

1 보어는 술어를 보충 설명하는 역할을 하기 때문에 보어 부분을 강조해서 읽어야 한다.
2 HSKK 중급에서는 정도보어가 가장 많이 출제되므로 문형을 정확하게 파악하고 있어야 한다.
3 보어를 연결해주는 '得' 뒤에서 한번 끊어 읽어야 한다.

이것만 연습하자! 기출 예제

/ 끊어 읽기 ■ 강세

음원을 들으며 예문을 따라 읽어 보세요.

1 北京烤鸭/很有名。　베이징 카오야(베이징 덕)는 유명하다.
Běijīng kǎoyā hěn yǒumíng.

2 小王的男朋友/特别幽默。　샤오왕의 남자 친구는 특히 유머러스하다.
Xiǎo Wáng de nánpéngyou tèbié yōumò.

3 今天的这个汤/太咸了。　오늘 이 국은 너무 짜다.
Jīntiān de zhège tāng tài xián le.

4 我买了/一本新词典。　나는 새로운 사전 한 권을 샀다.
Wǒ mǎi le yì běn xīn cídiǎn.

5 我不喜欢/喝饮料。　나는 음료 마시는 것을 좋아하지 않는다.
Wǒ bù xǐhuan hē yǐnliào.

6 他接受了/我的邀请。　그는 나의 초대를 받아들였다.
Tā jiēshòu le wǒ de yāoqǐng.

7 春节是/中国的传统节日/之一。　춘절은 중국의 전통 명절 중 하나이다.
Chūn Jié shì Zhōngguó de chuántǒng jiérì zhīyī.

8 兴趣是/最好的老师。　흥미는 가장 좋은 선생님이다.
Xìngqù shì zuì hǎo de lǎoshī.

9 这张卡的密码/是我的生日。　이 카드의 비밀번호는 내 생일이다.
Zhè zhāng kǎ de mìmǎ shì wǒ de shēngrì.

10 今天晚上/没有月亮。　오늘 저녁은 달이 없다.
Jīntiān wǎnshang méiyǒu yuèliang.

11 每个人都有/自己的烦恼。　사람마다 각자의 고민이 있다.
Měi ge rén dōu yǒu zìjǐ de fánnǎo.

12 一年有/春、夏、秋、冬/四个季节。　일 년에는 봄, 여름, 가을, 겨울 네 개의 계절이 있다.
Yìnián yǒu chūn、 xià、 qiū、 dōng sì ge jìjié.

13 我的签证/已经办好了。　내 비자는 이미 발급받았다.
Wǒ de qiānzhèng yǐjīng bànhǎo le.

14 老师特别喜欢/和我们聊天。　선생님은 우리와 수다 떠는 것을 특히 좋아하신다.
Lǎoshī tèbié xǐhuan hé wǒmen liáotiān.

15 你今天必须要/完成作业。　너는 오늘 반드시 숙제를 끝내야 한다.
Nǐ jīntiān bìxū yào wánchéng zuòyè.

16 他的个子/长得/很高。　그의 키는 매우 크다.
Tā de gèzi zhǎng de hěn gāo.

17 丽丽钢琴/弹得/不错。　리리는 피아노를 잘 친다.
Lìli gāngqín tán de búcuò.

18 这位演员/表演得/相当精彩。　이 배우는 연기를 상당히 훌륭하게 한다.
Zhè wèi yǎnyuán biǎoyǎn de xiāngdāng jīngcǎi.

실력 다지기 실전 테스트

HSKK 중국어 말하기 시험

第一部分：第1-5题，听后重复。

1.

2.

3.

4.

5.

02 여러 가지 특수구문

이것만 공부하자! 필수 어법

/ 끊어 읽기 ■ 강세

❶ 존현문

문장구조 주어(시간, 장소) + 술어 + 목적어(불특정 대상)

예시 教室前面/挂着/一个黑板。

Jiàoshì qiánmian guàzhe yí ge hēibǎn.

교실 앞에 칠판이 하나 걸려있다.

쉬엔 쌤의 풀이 꿀팁1

1. 존현문에 자주 쓰이는 동사 '挂, 放, 停, 站, 出现, 发生'은 반드시 외워야 한다.
2. 주어 뒤에서 한번 끊어 읽어야 한다.
3. 목적어로 불특정 대상이 오기 때문에 주로 수량사의 수식을 받는다.

❷ 연동문

문장구조 주어 + 동사1 + 목적어1 + 동사2 + 목적어2

예시 下午/我去图书馆/借书。

Xiàwǔ wǒ qù túshūguǎn jiè shū.

오후에 나는 도서관에 가서 책을 빌린다.

쉬엔 쌤의 풀이 꿀팁2

1. 연동문에 자주 쓰이는 동사 '去, 坐, 用, 带'은 반드시 외워야 한다.
2. 목적어1 뒤에서 한번 끊어 읽어야 한다.
3. '了'와 '过'는 일반적으로 동사2 뒤에 위치하고, '着'는 동사1 뒤에 위치한다.

❸ 비교문

문장구조 비교 대상 A + 比 + 비교 대상 B + (更/还) + 술어

예시 他的头发/比我还长。
Tā de tóufa bǐ wǒ hái cháng.
그의 머리카락은 나보다 더 길다.

문장구조 비교 대상 A + 比 + 비교 대상 B + 술어 +
구체적 차이(多了, 很多, 得多)

예시 他今年的成绩/比去年好很多。
Tā jīnnián de chéngjì bǐ qùnián hǎo hěn duō.
그의 올해 성적은 작년보다 많이 좋아졌다.

문장구조 비교 대상 A + 跟 + 비교 대상 B + 一样 + 술어

예시 他今年的成绩/跟去年一样好。
Tā jīnnián de chéngjì gēn qùnián yíyàng hǎo.
그의 올해 성적은 작년이랑 똑같이 좋다.

쉬엔 쌤의 풀이 꿀팁3

1 비교문에서는 대부분 '比' 앞에서 끊어 읽어야 한다.
2 술어 앞에 '更/还'는 강조를 나타내므로 강하게 강세를 넣어 읽어 주면 좋다.
3 비교 대상 B는 비교 대상 A와 중복된 표현을 일반적으로 생략할 수 있다.
4 비교문에서 구체적인 차이를 나타낼 때 보어를 활용할 수 있는데, 이때 보어 부분을 강조해서 읽으면
뉘앙스를 더 잘 표현할 수 있다.

---

❹ 把자문

문장구조 주어 + 把 + 목적어 + 동사 + 기타성분

예시 我把巧克力/吃完了。
Wǒ bǎ qiǎokèlì chīwán le.
나는 초콜릿을 다 먹었다.

1. '把+목적어'는 하나의 부사구로 붙여서 읽어야 한다.
2. 대부분 동사 앞에서 끊어 읽어 주어야 한다.
3. '把자문'에서 술어 뒤에 반드시 기타성분이 있어야 한다.

⑤ 被자문

문장구조 주어 + 被 + 행동의 주체 + 동사 + 기타성분

예시 我被妈妈/批评了一顿。
Wǒ bèi māma pīpíng le yí dùn.
나는 엄마에게 한 차례 혼이 났다.

1. '被+행동의 주체'는 하나의 부사구로 대부분 붙여서 읽는데, 행위의 주체가 생략되기도 한다.
2. '被자문'에서는 대부분 동사 앞에서 끊어 읽어 주어야 한다.
3. '被자문'에서 술어 뒤에 반드시 기타성분이 있어야 한다.

⑥ 겸어문

문장구조 주어1 + 동사1 + 겸어(목적어1, 주어2) + 동사2 + 목적어2

예시 妈妈让我/打扫房间。
Māma ràng wǒ dǎsǎo fángjiān.
엄마가 나에게 방을 청소하라고 하셨다.

1. 겸어문은 주로 목적어1, 즉 겸어 뒤에서 끊어 읽어야 한다.
2. 겸어문에 자주 쓰이는 동사로는 '让, 叫, 请, 邀请, 使, 令'이 있는데 반드시 외워야 한다.
3. 감정을 나타내는 동사와 함께 출제되는 경우가 많기 때문에 유의해야 한다.

이것만 연습하자! 기출 예제

/ 끊어 읽기　■ 강세

음원을 들으며 예문을 따라 읽어 보세요.

 MP3 2-1

1 办公室里/放着/两台电脑。　사무실에 컴퓨터 두 대가 놓여 있다.
Bàngōngshì li fàngzhe liǎng tái diànnǎo.

2 门前/停着/一辆黑色的车。　문 앞에 검정색 차 한 대가 세워져 있다.
Mén qián tíngzhe yí liàng hēisè de chē.

3 天上/突然出现了/一道彩虹。　하늘에 갑자기 무지개 하나가 떴다.
Tiānshàng tūrán chūxiàn le yí dào cǎihóng.

4 今天/我们坐地铁/去了火车站。　오늘 우리 지하철 타고 기차역에 갔다.
Jīntiān wǒmen zuò dìtiě qù le huǒchēzhàn.

5 哥哥躺着/看电视。　형은 누워서 텔레비전을 본다.
Gēge tǎngzhe kàn diànshì.

6 我用新买的词典/自己学汉语。　나는 새로 산 사전으로 스스로 중국어를 공부한다.
Wǒ yòng xīn mǎi de cídiǎn zìjǐ xué Hànyǔ.

7 王教授的教学经验/比我丰富。　왕 교수의 지도 경험은 나보다 풍부하다.
Wáng jiàoshòu de jiàoxué jīngyàn bǐ wǒ fēngfù.

8 男朋友/比我大一岁。　남자 친구는 나보다 한 살 많다.
Nánpéngyou bǐ wǒ dà yí suì.

9 我跑得/跟哥哥一样/快。　나는 형이랑 똑같이 빠르게 뛴다.
Wǒ pǎo de gēn gēge yíyàng kuài.

10 我把汉语/都忘光了。　나는 중국어를 다 까먹어 버렸다.
Wǒ bǎ Hànyǔ dōu wàngguāng le.

11 你把这些资料/整理一下。　네가 이 자료들 좀 정리해줘.
Nǐ bǎ zhèxiē zīliào zhěnglǐ yíxià.

12 妈妈把房间/打扫得/干干净净的。　엄마는 방을 아주 깨끗하게 청소하셨다.
Māma bǎ fángjiān dǎsǎo de gāngānjìngjìng de.

13 我的钱包/被小偷/偷走了。　내 지갑을 도둑이 훔쳐갔다.
Wǒ de qiánbāo bèi xiǎotōu tōuzǒu le.

14 花/被扔进/垃圾桶里了。　꽃은 쓰레기통 안에 버려졌다.
Huā bèi rēngjìn lājītǒng li le.

15 所有人/都被这场表演/感动了。　모든 사람들은 이 공연에 감동을 받았다.
Suǒyǒurén dōu bèi zhè chǎng biǎoyǎn gǎndòng le.

16 我请朋友/来我家做客。　나는 친구에게 우리 집에 놀러 오라고 했다.
Wǒ qǐng péngyou lái wǒ jiā zuòkè.

17 她邀请我/参加她的婚礼。　그녀는 나에게 그녀의 결혼식에 참석하라고 초대했다.
Tā yāoqǐng wǒ cānjiā tā de hūnlǐ.

18 他的态度/令我十分吃惊。　그의 태도는 나를 매우 놀라게 했다.
Tā de tàidù lìng wǒ shífēn chījīng.

실력 다지기 실전 테스트

 MP3 2-2

HSKK 중국어 말하기 시험

第一部分：第1-5题，听后重复。

1.

2.

3.

4.

5.

03 부탁, 금지, 요청 등 관련 문장

이것만 공부하자! 필수 어법
/ 끊어 읽기 ■ 강세

❶ 부탁을 나타내는 문장

문장구조 请/麻烦 + 人 + 행위

예시 请大家/先在门口排队。

Qǐng dàjiā xiān zài ménkǒu páiduì.

여러분 먼저 입구에서 줄 서 주세요.

문장구조 帮我 + 행위

예시 帮我/叫一下王老师，好吗?

Bāng wǒ jiào yíxià Wáng lǎoshī, hǎo ma?

왕 선생님 좀 불러 주시겠어요?

쉬엔 쌤의 풀이 꿀팁1

1 부탁하는 행위는 부탁하는 내용이므로 강조해서 읽어 주어야 한다.

2 부탁하는 행위 앞에서 한번 끊어 읽어야 한다.

❷ 금지를 나타내는 문장

문장구조 禁止/不允许/不能/不可以 **+ 행위**

예시 公共场所/禁止抽烟。
Gōnggòng chǎngsuǒ jìnzhǐ chōuyān.
공공장소에서는 흡연을 금지합니다.

쉬엔 쌤의 풀이 꿀팁2

1 강한 금지를 나타내는 '禁止, 不允许, 不能, 不可以'는 강세를 주어 강조하여 읽어야 한다.
2 금지를 나타내는 동사 앞에서 한번 끊어 읽어야 한다.

❸ 당부하는 문장

문장구조 一定要/别忘了/千万别/千万不要 **+ 행위**

예시 千万别/把这件事/告诉他。
Qiānwàn bié bǎ zhè jiàn shì gàosu tā.
이 일을 절대 그에게 알려주지 마세요.

쉬엔 쌤의 풀이 꿀팁3

1 당부하는 말인 '一定要, 别忘了, 千万别, 千万不要'는 강조하여 읽어야 한다.
2 당부하는 행위는 의미 전달이 중요하므로 강조하여 읽어야 한다.

❹ 제안하는 문장

문장구조 주어 + (一起) + 동사 + 吧

예시 明天/咱们一起/去骑自行车吧。

Míngtiān zánmen yìqǐ qù qí zìxíngchē ba.

내일 우리 같이 자전거 타러 가자.

쉬엔 쌤의 🔆 풀이 꿀팁4

1️⃣ 제안하는 내용은 강조하여 읽어야 한다.

❺ 권유 또는 권장을 나타내는 문장

문장구조 应该/不应该/最好 + 행위

예시 吃完饭/你应该/出去散散步。

Chīwán fàn nǐ yīnggāi chūqu sànsan bù.

식사 후에 당신은 나가서 산책해야 해요.

쉬엔 쌤의 🔆 풀이 꿀팁5

1️⃣ 권유를 나타내는 '应该, 不应该, 最好'는 강세를 주어 강조해서 읽어야 한다.
2️⃣ 권유하는 행위는 의미 전달이 중요하므로 강조하여 읽어야 한다.

이것만 연습하자! 기출 예제

/ 끊어 읽기　■ 강세

음원을 들으며 예문을 따라 읽어 보세요.　 MP3 3-1

1 请大家/不要乱扔垃圾。　여러분 쓰레기를 함부로 버리지 마세요.
Qǐng dàjiā bú yào luàn rēng lājī.

2 麻烦你/告诉我一下/他的电话号码。　죄송하지만 그의 전화번호를 저에게 알려 주세요.
Máfan nǐ gàosu wǒ yíxià tā de diànhuà hàomǎ.

3 帮我看看/哪个颜色好看。　어느 색깔이 더 예쁜지 좀 봐줘.
Bāng wǒ kànkan nǎge yánsè hǎokàn.

4 博物馆里/不允许拍照。　박물관에서는 사진 촬영을 금지한다.
Bówùguǎn li bù yǔnxǔ pāizhào.

5 体检之前/不能吃东西。　건강검진 전에는 음식을 먹을 수 없다.
Tǐjiǎn zhīqián bù néng chī dōngxi.

6 这个实验室/不可以随便进。　이 실험실은 함부로 들어가면 안 된다.
Zhège shíyànshì bù kěyǐ suíbiàn jìn.

7 到了北京/一定要/给我打电话。　베이징에 도착하면 반드시 나에게 전화해야 해.
Dào le Běijīng yídìng yào gěi wǒ dǎ diànhuà.

8 吃完饭/别忘了吃药。　밥을 다 먹은 다음에 약 먹는 것을 잊지 마.
Chīwán fàn bié wàng le chī yào.

9 你千万不要误会/我的意思。 절대 내 뜻을 오해하지 마.
Nǐ qiānwàn bú yào wùhuì wǒ de yìsi.

10 你先/休息一会儿吧。 당신 먼저 잠시 쉬어.
Nǐ xiān xiūxi yíhuìr ba.

11 有空的话/来我家玩儿吧。 시간 있으면 우리 집에 놀러 와.
Yǒu kòng dehuà lái wǒ jiā wánr ba.

12 下午/我们一起/打乒乓球吧。 오후에 우리 같이 탁구치자.
Xiàwǔ wǒmen yìqǐ dǎ pīngpāngqiú ba.

13 为了健康，你不应该/吃太咸的东西。 건강을 위해서, 당신은 너무 짠 음식을 먹으면 안돼.
Wèile jiànkāng, nǐ bù yīnggāi chī tài xián de dōngxi.

14 你最好/和家人商量一下。 너는 가족이랑 상의해보는 것이 가장 좋겠다.
Nǐ zuìhǎo hé jiārén shāngliang yíxià.

15 你最好还是/去应聘吧。 너는 면접 보러 가는 것이 더 좋겠다.
Nǐ zuìhǎo háishi qù yìngpìn ba.

실력 다지기 실전 테스트

HSKK 중국어 말하기 시험

第一部分：第1-5题，听后重复。

1.

2.

3.

4.

5.

04 감정 표현 관련 문장

이것만 공부하자! 필수 어법

/ 끊어 읽기 ■ 강세

❶ 관심이나 만족을 나타내는 문장

문장구조 주어 + 对 + A + 感兴趣/满意

예시 我对中国文化/很感兴趣。

Wǒ duì Zhōngguó wénhuà hěn gǎn xìngqù.

나는 중국 문화에 대해 관심이 있다.

쉬엔 쌤의 풀이 꿀팁1

1️⃣ 관심이나 만족을 나타내는 대상은 강세를 주어 강조하여 읽어야 한다.

2️⃣ 부정문도 동일하며, 부정부사는 강조하여 읽어야 한다.

3️⃣ 관심이나 만족을 나타내는 표현은 전치사 '对'와 함께 사용하는 것을 반드시 기억해야 한다.

❷ 겸어문으로 감정을 나타내는 문장

문장구조 주어 + 让 + 사람 + (정도부사) + 감정

예시 这个故事/让我非常感动。

Zhège gùshi ràng wǒ fēicháng gǎndòng.

이 이야기는 나를 매우 감동하게 했다.

쉬엔 쌤의 풀이 꿀팁2

1️⃣ 어떤 감정을 느끼게 했는지를 강조하는 구문이므로, 감정 동사에 강세를 넣어 읽어 주는 것이 좋다.

2️⃣ 대부분 정도부사는 감정 동사 앞에 위치하여, 감정을 강조하는 역할을 함으로 같이 강조하여 읽어야 한다.

3️⃣ 대부분 정도부사는 감정 앞에 위치하지만, 정도부사 '真'은 '让' 앞에 위치해야 한다.

❸ 정도보어로 감정을 나타내는 문장

문장구조 **주어 + 감정 동사 + 得 + 정도보어**

예시 妹妹兴奋得/跳了起来。

Mèimei xīngfèn de tiào le qǐlái.

여동생은 흥분해서 뛰기 시작했다.

쉬엔 쌤의 풀이 꿀팁3

1 감정을 느끼는 정도를 강조할 때 사용하므로, 감정을 나타내는 부분은 강세를 주어 읽어야 한다.

2 감정을 나타낼 때, 정도보어는 주로 동사가 많이 사용된다.

❹ 감정동사로 감정을 나타내는 문장

문장구조 **주어 + (정도부사) + 감정 동사 + 목적어**

예시 我很感谢/老师对我的照顾。

Wǒ hěn gǎnxiè lǎoshī duì wǒ de zhàogù.

나는 선생님의 보살핌에 매우 감사드린다.

쉬엔 쌤의 풀이 꿀팁4

1 감정 동사는 일반적으로 정도부사의 수식을 받기 때문에, 정도부사에 강세를 주어 읽어야 한다.

2 감정 동사 뒤에 목적어는 명사, 동사, 동사구 등이 모두 올 수 있다는 것을 기억해야 한다.

⑤ 권유의 감정을 나타내는 문장

문장구조 別(太) + 감정 + 了

예시 別太难过了，下次/好好儿考吧！

Bié tài nánguò le, xià cì hǎohāor kǎo ba!

너무 괴로워하지 말고, 다음에 시험 잘 봐!

쉬엔 쌤의 풀이 꿀팁5

1 '別太……了'는 '너무~하지 말라'는 뜻으로, 주로 권유나 위로를 표현할 때 사용한다.

2 '別太……了' 문장 뒤에 일반적으로 한 문장이 더 따라 나오니 주의해서 들어야 한다.

이것만 연습하자! 기출 예제

음원을 들으며 예문을 따라 읽어 보세요. MP3 4-1

1 我对踢足球/不感兴趣。　나는 축구에 대해 관심이 없다.
Wǒ duì tī zúqiú bù gǎn xìngqù.

2 我对这次考试的结果/很满意。　나는 이번 시험 결과에 대해 만족한다.
Wǒ duì zhè cì kǎoshì de jiéguǒ hěn mǎnyì.

3 他对面试结果/有点儿不满意。　그는 면접 결과에 대해 약간 불만이다.
Tā duì miànshì jiéguǒ yǒudiǎnr bù mǎnyì.

4 他的态度/让我很生气。　그의 태도는 나를 화나게 한다.
Tā de tàidù ràng wǒ hěn shēngqì.

5 那个事故/让大家很伤心。　그 사고는 사람들을 슬프게 한다.
Nàge shìgù ràng dàjiā hěn shāngxīn.

6 他的声音/真让人羡慕。　그의 목소리는 정말 사람들을 부럽게 한다.
Tā de shēngyīn zhēn ràng rén xiànmù.

7 我紧张得/出了一身汗。　나는 긴장해서 온 몸에 땀이 났다.
Wǒ jǐnzhāng de chū le yì shēn hàn.

8 弟弟害羞得/脸都红了。　남동생은 수줍어서 얼굴이 빨개졌다.
Dìdi hàixiū de liǎn dōu hóng le.

9 听到/那个消息，他激动得/哭了。　그 소식을 듣고, 그는 감격해서 울었다.
Tīngdào nàge xiāoxi, tā jīdòng de kū le.

10 我特别害怕/游泳。　나는 수영하는 것을 특히 무서워한다.
Wǒ tèbié hàipà yóuyǒng.

11 我很后悔/对妈妈发了脾气。　나는 엄마한테 화낸 것을 후회한다.
Wǒ hěn hòuhuǐ duì māma fā le píqì.

12 我很担心/适应不了新环境。　나는 새로운 환경에 적응하지 못할까봐 걱정이다.
Wǒ hěn dānxīn shìyìng bu liǎo xīn huánjìng.

13 别太伤心了，你已经尽力了。　너무 슬퍼하지 마, 너는 이미 최선을 다했어.
Bié tài shāngxīn le, nǐ yǐjīng jìnlì le.

14 你别着急，手机/一定能找到。　너무 조급해하지 마, 휴대 전화를 꼭 찾을 수 있을 거야.
Nǐ bié zháojí, shǒujī yídìng néng zhǎodào.

15 别太生气了，他可能/不是故意的。　너무 화내지 마, 그는 아마 일부러 그런 것이 아닐 거야.
Bié tài shēngqì le, tā kěnéng bú shì gùyì de.

HSKK 중국어 말하기 시험

第一部分：第1-5题，听后重复。

1.

2.

3.

4.

5.

05 빈출 의문문과 복문

이것만 공부하자! 필수 어법

/ 끊어 읽기 ■ 강세

❶ 일반의문문

문장구조 평서문 + 吗?

예시 你喜欢/学汉语吗?

Nǐ xǐhuan xué Hànyǔ ma?

당신은 중국어 배우는 것을 좋아하나요?

쉬엔 쌤의 풀이 꿀팁1

1 일반의문문에서는 질문하고자 하는 내용을 강조해서 읽어 주는 것이 좋다.

❷ 정반의문문

문장구조 주어 + 술어 + 不/没 + 술어 + 목적어 ?

예시 你有没有/男朋友?

Nǐ yǒu méiyǒu nánpéngyou?

당신은 남자 친구가 있나요 없나요?

쉬엔 쌤의 풀이 꿀팁2

1 정반의문문에서는 '긍정+부정' 형태의 정반되는 부분을 강조하여 읽어 주는 것이 좋다.

❸ 의문대사 의문문

자주 출제되는 의문대사　谁, 什么, 哪儿, 哪, 怎么, 为什么, 什么时候

예시　你什么时候/有时间?

Nǐ shénme shíhou yǒu shíjiān?

당신은 언제 시간이 있나요?

쉬엔 쌤의 풀이 꿀팁3

1 의문대사는 질문의 핵심이기 때문에 강조하여 읽어 주는 것이 좋다.

❹ 선택의문문

문장구조　A + 还是 + B?

예시　你是韩国人/还是中国人?

Nǐ shì Hánguó rén háishi Zhōngguó rén?

당신은 한국인인가요 아니면 중국인인가요?

쉬엔 쌤의 풀이 꿀팁4

1 선택의문문에서 질문 대상인 A와 B는 강세를 주어 읽어 주는 것이 좋다.

2 선택의문문은 '还是' 앞에서 한번 끊어 읽어 주어야 한다.

❺ 多의문문

주어 + (有)多 + 술어?

예시 这次考试/有多难?

Zhè cì kǎoshì yǒu duō nán?

이번 시험은 얼마나 어렵나요?

쉬엔 쌤의 풀이 꿀팁5

1 '多의문문'에서는 질문을 나타내는 '有多' 부분을 강조하여 읽어 주는 것이 좋다.

❻ 병렬, 점층, 전환을 나타내는 복문

一边A, 一边B
不但(不仅)A, 而且B
虽然A, 但是B

예시 我喜欢/一边听音乐，一边跑步。

Wǒ xǐhuan yìbiān tīng yīnyuè, yìbiān pǎobù.

나는 음악 들으면서 달리기 하는 것을 좋아한다.

쉬엔 쌤의 풀이 꿀팁6

1 복문에서는 접속사 뒤에 나오는 행동 등을 강조하여 읽어 주어야 한다.

❼ 가정, 조건, 인과를 나타내는 복문

문장구조
如果A, 就B
只要A, 就B
因为A, 所以B

예시 如果/明天不下雨, 咱们就/去公园。

Rúguǒ míngtiān bú xià yǔ, zánmen jiù qù gōngyuán.

만약 내일 비가 안오면, 우리 공원에 가자.

쉬엔 쌤의 💡 풀이 꿀팁7

▌ 문장이 길어 듣기가 어려울 때, 짧은 문장부터 연습하는 것이 좋다.

❽ 양보, 목적, 선후를 나타내는 복문

문장구조
即使A, 也B
为了A, B
先A, 然后B

예시 即使/爸爸不同意, 我也要/去留学。

Jíshǐ bàba bù tóngyì, wǒ yě yào qù liúxué.

설령 아버지가 반대하시더라도, 나는 유학을 갈 것이다.

쉬엔 쌤의 💡 풀이 꿀팁8

▌ 문장이 길어 외우기가 어려울 때, 행동 위주로 기억하는 것이 좋다.

음원을 들으며 예문을 따라 읽어 보세요.

1 你妹妹/长得/漂不漂亮?　네 여동생은 예쁘게 생겼어?
Nǐ mèimei zhǎng de piào bu piàoliang?

2 你把手机/放在哪儿了?　너는 휴대 전화를 어디에 두었니?
Nǐ bǎ shǒujī fàngzài nǎr le?

3 你为什么/不去应聘?　너는 왜 면접 보러 안가?
Nǐ wèi shénme bú qù yìngpìn?

4 你喝茶/还是喝咖啡?　너는 차 마실래 아니면 커피 마실래?
Nǐ hē chá háishi hē kāfēi?

5 你刷卡/还是支付宝?　카드로 결제하시겠어요? 위챗페이로 하시겠어요?
Nǐ shuā kǎ háishi Zhīfùbǎo?

6 你在这儿吃/还是带走?　여기서 드시나요? 가져가시나요?
Nǐ zài zhèr chī háishi dàizǒu?

7 你今年/有多大了?　너는 올해 몇 살이니?
Nǐ jīnnián yǒu duō dà le?

8 从你家到这儿/有多远?　너네 집에서 여기까지 얼마나 머니?
Cóng nǐ jiā dào zhèr yǒu duō yuǎn?

9 这个行李/有多重? 이 짐은 얼마나 무거워요?
Zhège xíngli yǒu duō zhòng?

10 老师/不但/讲得好，而且/讲得很有意思。 선생님은 강의를 잘할 뿐만 아니라 재밌게 한다.
Lǎoshī búdàn jiǎng de hǎo, érqiě jiǎng de hěn yǒu yìsi.

11 虽然/输了，但是/我不会放弃。 비록 졌지만 나는 포기하지 않을 것이다.
Suīrán shū le, dànshì wǒ bú huì fàngqì.

12 哥哥/不但/性格好，而且学习/也特别好。 형은 성격이 좋을 뿐만 아니라 공부도 잘한다.
Gēge búdàn xìnggé hǎo, érqiě xuéxí yě tèbié hǎo.

13 你/如果不相信，就/自己去看看。 만약 네가 못 믿겠으면, 직접 가서 봐 봐.
Nǐ rúguǒ bù xiāngxìn, jiù zìjǐ qù kànkan.

14 只要/努力，就能/有好结果。 노력만 한다면 좋은 결과가 있을 거야.
Zhǐyào nǔlì, jiù néng yǒu hǎo jiéguǒ.

15 因为他/一直坚持运动，所以/身体不错。 그는 계속 운동을 유지했기 때문에, 건강하다.
Yīnwèi tā yìzhí jiānchí yùndòng, suǒyǐ shēntǐ búcuò.

16 既然/报名了，就/好好儿准备考试吧。 기왕 신청했으니 시험 준비 잘 해.
Jìrán bàomíng le, jiù hǎohāor zhǔnbèi kǎoshì ba.

17 为了/提高汉语水平，你要/多听多说。
Wèile tígāo Hànyǔ shuǐpíng, nǐ yào duō tīng duō shuō.
중국어 수준을 향상시키기 위해, 너는 많이 듣고 말해야 해.

18 你先洗手，然后/吃饭吧。　너 먼저 손 씻고, 그 다음에 밥 먹어.
Nǐ xiān xǐshǒu, ránhòu chī fàn ba.

HSKK 중국어 말하기 시험

第一部分：第1-5题，听后重复。

1.

2.

3.

4.

5.

看图说话
그림 보고 설명하기

제2부분은 제시된 그림을 보고 그림과 어울리는 이야기를 만들어 2분 동안 말하는 영역으로,
총 2문제가 출제되며, 시험 시간은 총 4분이다.
말하기 전 준비 시간이 주어지는데, 준비 시간은 총 10분으로 제2~3부분 질문을 모두
준비해야 하므로 시간 분배를 신경 써야 한다.

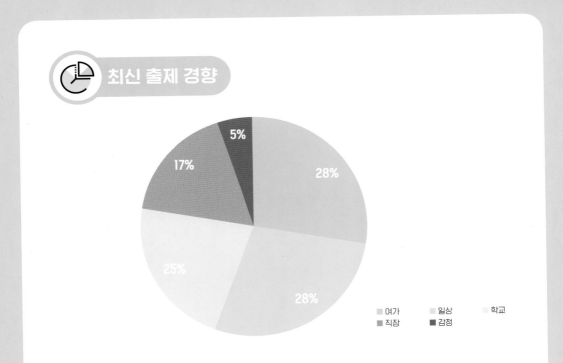

최신 출제 경향

주제별 출제 비중을 살펴보면 여가 활동이나 일상 생활과 관련된 사진이 가장 많이 출제된다. 그 다음으로
학교나 직장 생활과 관련된 주제가 자주 출제되고, 사람의 감정을 나타내는 사진도 출제된다.
특히, 여가활동은 각종 운동이나 취미과 관련된 그림이 자주 출제되고, 일상 생활에서는 이사나 요리하는
사진이 많이 출제되므로 관련 필수 어휘와 필수 패턴을 반드시 공부해야 한다.

쉬엔 쌤의 **공략비법**

핵심1 그림을 보고 핵심 키워드를 떠올려라.

제시된 그림을 보고 핵심 키워드 5개를 떠올린 후, 유기적으로 연결이 되도록 이야기를 만들어 가는 것이 좋다. 특히, HSK 5급 쓰기 제2부분의 그림 작문과 유형이 비슷하기 때문에, 기출 문제로 나왔던 그림을 보고 연습을 해보는 것이 도움이 된다.

핵심2 준비 시간을 알차게 활용하자.

제2,3부분의 준비 시간은 총 10분으로, 한 문제에 2-3분씩 투자하여 핵심 키워드와 활용할 패턴 등을 적어 두는 것이 좋다. 대답할 답변 전체를 메모하기에는 시간이 충분하지 않으므로 키워드 위주로 메모하는 것이 좋다.

핵심3 짜임새 있는 이야기를 만드는 것이 좋다.

떠오르는 문장들을 두서없이 이야기하는 것이 아니라, 누가 언제 어디서 무엇을 했는지를 떠올리면서 '도입-전개-마무리'가 명확한 이야기를 만드는 것이 좋다. 책에서 제시하는 필수 5문장을 보고 훈련할 수 있다.

핵심4 HSKK 중급 필수 만능 패턴은 꼭 외우자.

스스로 작문이 어려운 경우, 필수 만능 패턴을 활용하여 간결하면서도 정확한 문장을 만들어보는 연습을 하는 것이 도움이 된다.

06 여가 활동

필수 어휘

음원을 들으며 제시된 단어를 익혀보세요.　　　　　　　 MP3 6-1

단어	병음	뜻
打游戏	dǎ yóuxì	동 게임을 하다
购物	gòuwù	동 쇼핑하다
跳舞	tiàowǔ	동 춤을 추다
旅游	lǚyóu	동 여행하다　명 여행
拍照	pāizhào	동 사진을 찍다
度过	dùguò	동 보내다, 지내다
愉快	yúkuài	형 유쾌하다, 기쁘다
踢足球	tī zúqiú	동 축구를 하다
跑步	pǎobù	동 달리기하다
输	shū	동 지다
赢	yíng	동 이기다
减肥	jiǎnféi	동 다이어트하다
缓解	huǎnjiě	동 완화되다, 풀어지다
压力	yālì	명 스트레스

5개 핵심 키워드

그림을 보고 설명하세요.

누가

느낌/
감상

언제

결과

행동

朋友

开心

周末

赢/输

踢足球

5개 필수 문장

5개의 필수 문장을 익혀보세요.

필수 패턴1

A让我想起了B   A는 B를 생각하게 한다

예시   这张照片让我想起了前男友。   이 사진은 전 남자 친구를 생각나게 한다.

1 图片上的人正在踢足球，这让我想起了我的兴趣爱好。

Túpiàn shang de rén zhèngzài tī zúqiú, zhè ràng wǒ xiǎngqǐ le wǒ de xìngqù àihào.

사진에 있는 사람은 지금 축구를 하고 있다. 이는 제 취미를 생각나게 한다.

2 平时我也很喜欢踢足球。

Píngshí wǒ yě hěn xǐhuan tī zúqiú.

평소에 나도 축구하는 것을 좋아한다.

3 如果没什么事的话，我周末一般都会去踢足球。

Rúguǒ méi shénme shì dehuà, wǒ zhōumò yìbān dōu huì qù tī zúqiú.

별다른 일이 없다면, 나는 주말에 보통 축구를 하러 간다.

필수 패턴2

不仅A, 还B   A할 뿐만 아니라, 게다가 B하다

예시 这家餐厅的菜不仅好吃，还很便宜。

이 음식점은 요리가 맛있을 뿐만 아니라, 게다가 저렴하다.

---

4 这不仅能锻炼身体，还能和朋友们度过愉快的时间。

Zhè bùjǐn néng duànliàn shēntǐ, hái néng hé péngyoumen dùguò yúkuài de shíjiān.

이것은 운동이 될 뿐만 아니라, 게다가 친구들과 즐거운 시간을 보낼 수 있다.

5 上个星期我也和几个朋友一起踢了足球，我们队赢了，我特别开心。

Shàng ge xīngqī wǒ yě hé jǐ ge péngyou yìqǐ tī le zúqiú, wǒmen duì yíng le, wǒ tèbié kāixīn.

지난 주에도 나는 친구 몇 명이랑 함께 축구를 하였는데, 우리 팀이 이겨서 나는 매우 기뻤다.

모범 답변 확인하기

음원을 들으면서 모범 답변을 큰 소리로 따라 연습하세요.

 MP3 6-2

下面/我开始回答/第十一题。图片上的人/正在踢足球。
Xiàmiàn wǒ kāishǐ huídá dì shíyī tí. Túpiàn shang de rén zhèngzài tī zúqiú.

这/让我想起了/我的兴趣爱好。
Zhè ràng wǒ xiǎngqǐ le wǒ de xìngqù àihào.

我/是一个/大学生，平时/我也很喜欢/踢足球。
Wǒ shì yí ge dàxuéshēng, píngshí wǒ yě hěn xǐhuan tī zúqiú.

如果/没什么/事的话，我周末/一般都会/去踢足球。
Rúguǒ méi shénme shì dehuà, wǒ zhōumò yìbān dōu huì qù tī zúqiú.

我喜欢/和朋友们/一起踢球。
Wǒ xǐhuan hé péngyoumen yìqǐ tī qiú.

因为/这不仅能/锻炼身体，还能/和朋友们/度过愉快的时间。
Yīnwèi zhè bùjǐn néng duànliàn shēntǐ, hái néng hé péngyoumen dùguò yúkuài de shíjiān.

踢完球/我们经常一起吃饭，一边/吃饭，一边/聊天。时间过得/特别快。
Tī wán qiú wǒmen jīngcháng yìqǐ chī fàn, yìbiān chī fàn, yìbiān liáotiān. Shíjiān guò de tèbié kuài.

上个星期/我也和几个朋友一起/踢了足球，我们队/赢了，我/特别开心。
Shàng ge xīngqī wǒ yě hé jǐ ge péngyou yìqǐ tī le zúqiú, wǒmen duì yíng le, wǒ tèbié kāixīn.

해석 그럼 11번 문제에 대한 답변을 시작하겠습니다. 사진에 있는 사람은 지금 축구를 하고 있다. 이는 제 취미를 생각나게 한다. 저는 대학생인데, 평소에 저도 축구하는 것을 좋아한다. 별다른 일이 없다면, 저는 주말에 보통 축구를 하러 간다. 저는 친구들과 함께 축구하는 것을 좋아하는데, 이것은 운동이 될 뿐만 아니라, 친구들과 즐거운 시간을 보낼 수 있기 때문이다. 축구가 끝나면 우리는 항상 같이 밥을 먹는데, 밥 먹으면서 이야기를 나누면, 시간이 아주 빠르게 지나간다. 지난 주에도 저는 몇 명의 친구들과 함께 축구를 했는데, 우리 팀이 이겨서 저는 매우 기뻤다.

06 여가 활동 **057**

답변 템플릿을 참고하여 스스로 나만의 답변을 만들어보세요.

답변 템플릿

도입	사진에 있는 사람은 지금 ○○○를 하고 있다. 이는 제 취미를 생각나게 한다.
전개	평소에 저도 ○○○하는 것을 좋아한다. 별다른 일이 없다면, 저는 주말에 보통 ○○○를 하러 간다. 왜냐하면 이것은 ○○○뿐만 아니라, 친구들과 즐거운 시간을 보낼 수 있기 때문이다.
마무리	자신의 기분이나 감정 또는 느낀 점으로 마무리하기.

음원을 들으면서 빈칸을 채우고, 모범 답변을 큰 소리로 따라 연습하세요. 🎧 MP3 6-3

下面/我开始回答/第十一题。图片上的人/正在　　　　　，这/让我想起了/

　　　　　。我/是一个/　　　　　，平时/我也很喜欢/　　　　　。

如果/没什么/事的话，我周末/一般都会/　　　　　。我喜欢/　　　　　。

因为/这不仅能　　　　　，还能/和朋友们/度过愉快的时间。　　　　　/

我们经常一起吃饭，一边/吃饭，一边/聊天。时间过得/特别快。上个星期/

我也　　　　　，　　　　　/赢了，我/特别开心。

핵심 키워드: 打游戏 , 玩儿游戏 , 上班族 , 缓解 , 压力

실전 테스트

HSKK 중국어 말하기 시험

준비시간: 2분 30초, 답변시간: 2분

第二部分: 第11题, 看图说话。

나만의 답변 만들기

07 일상 생활

필수 어휘

음원을 들으며 제시된 단어를 익혀보세요.

 MP3 7-1

단어	병음	뜻
搬家	bānjiā	동 이사하다
做菜	zuò cài	동 요리하다
上网	shàngwǎng	동 인터넷을 하다, 인터넷에 접속하다
修理	xiūlǐ	동 수리하다
打扫	dǎsǎo	동 청소하다
整理	zhěnglǐ	동 정리하다
起床	qǐchuáng	동 일어나다, 기상하다
快递	kuàidì	명 택배
电脑	diànnǎo	명 컴퓨터
空调	kōngtiáo	명 에어컨
迟到	chídào	동 지각하다
网购	wǎnggòu	명 인터넷 쇼핑

그림을 보고 설명하세요.

5개의 필수 문장을 익혀보세요.

1 图片上的人正在搬家，这让我想起了我搬家的经历。

Túpiàn shang de rén zhèngzài bānjiā, zhè ràng wǒ xiǎngqǐ le wǒ bānjiā de jīnglì.

사진에 있는 사람은 지금 이사를 하고 있다. 이는 제 이사 경험을 생각나게 한다.

从来没A过   한 번도 A 한 적 없다

예시 我从来没迟到过。   나는 한 번도 지각한 적 없다.

2 我从来没搬过家，但是因为爸爸工作的原因，今年我们搬家了。
Wǒ cónglái méi bānguo jiā, dànshì yīnwèi bàba gōngzuò de yuányīn,
jīnnián wǒmen bānjiā le.
저는 한 번도 이사한 적이 없었는데, 아빠의 업무 때문에 올해 이사했다.

3 搬家那天我们一家人都很忙，妈妈负责整理东西，我负责打扫房间。
Bānjiā nà tiān wǒmen yìjiārén dōu hěn máng, māma fùzé zhěnglǐ dōngxi,
wǒ fùzé dǎsǎo fángjiān.
이사하는 그 날 우리 가족은 다 바빴는데, 엄마는 물건을 정리하시고, 나는 방을 청소했다.

4 以前我们住的房子比较小，但是新房子又大又好。
Yǐqián wǒmen zhù de fángzi bǐjiào xiǎo, dànshì xīn fángzi yòu dà yòu hǎo.
우리가 예전에 살던 집은 비교적 작은 편이었는데, 새집은 크고 좋았다.

现在还忘不了A   지금도 A를 잊을 수 없다

예시 他现在还忘不了那次旅游的经验。
그는 지금도 그 여행의 경험을 잊을 수 없다.

5 我现在还忘不了搬家那天的情况。
Wǒ xiànzài hái wàng bu liǎo bānjiā nà tiān de qíngkuàng.
저는 지금도 이사하는 날의 상황을 잊을 수 없다.

모범 답변 확인하기

음원을 들으면서 모범 답변을 큰 소리로 따라 연습하세요.

下面/我开始回答/第十一题。图片上的人/正在搬家,
Xiàmiàn wǒ kāishǐ huídá dì shíyī tí. Túpiàn shang de rén zhèngzài bānjiā,

这/让我想起了/我搬家的/经历。
zhè ràng wǒ xiǎngqǐ le wǒ bānjiā de jīnglì.

我/是一个/大学生,我和我父母/一起住。
Wǒ shì yí ge dàxuéshēng, wǒ hé wǒ fùmǔ yìqǐ zhù.

我从来没/搬过家,但是/因为爸爸/工作的原因,今年/我们搬家了。
Wǒ cónglái méi bānguo jiā, dànshì yīnwèi bàba gōngzuò de yuányīn, jīnnián wǒmen bānjiā le.

搬家那天/我们一家人/都很忙,妈妈/负责/整理东西,我/负责/打扫房间,
Bānjiā nà tiān wǒmen yìjiārén dōu hěn máng, māma fùzé zhěnglǐ dōngxi, wǒ fùzé dǎsǎo fángjiān,

爸爸/负责/出去买东西。我们忙了/一整天。
Bàba fùzé chūqu mǎi dōngxi. Wǒmen máng le yìzhěngtiān.

以前/我们住的房子/比较小,但是/新房子/又大又好。
Yǐqián wǒmen zhù de fángzi bǐjiào xiǎo, dànshì xīn fángzi yòu dà yòu hǎo.

我现在还/忘不了/搬家那天的情况,搬完家以后/我们都很开心。
Wǒ xiànzài hái wàng bu liǎo bānjiā nà tiān de qíngkuàng, bānwán jiā yǐhòu wǒmen dōu hěn kāixīn.

해석 그럼 11번 문제에 대한 답변을 시작하겠습니다. 사진에 있는 사람은 지금 이사를 하고 있다. 이는 제 이사 경험을 생각나게 한다. 저는 대학생인데, 부모님과 함께 산다. 저는 한 번도 이사한 적이 없었는데, 아빠의 업무때문에 올해 이사했다. 이사하는 그 날 우리 가족은 다 바빴는데, 엄마는 물건을 정리하시고, 저는 방을 청소하고, 아빠는 나가서 물건을 사셨다. 우리는 하루 종일 바빴다. 우리가 예전에 살던 집은 비교적 작은 편이었는데, 새 집은 크고 좋았다. 저는 지금도 이사하는 날의 상황을 잊을 수 없다. 이사하고 나서 우리는 모두 신났다.

답변 템플릿을 참고하여 스스로 나만의 답변을 만들어보세요.

답변 템플릿

도입	사진에 있는 사람은 지금 ○○○를 하고 있다. 이는 제 ○○○ 경험을 생각나게 한다.
전개	저는 한 번도 ○○○한 적이 없었는데, ○○○ 때문에 ○○○를 했다. ○○○를 한 그날은 다 바빴는데, A는 ○○○를 책임지고, B는 ○○○를 책임지고, 나는 ○○○를 책임졌다. 과거와 비교했을 때 ○○○하다.
마무리	저는 지금도 ○○○하는 그날의 상황을 잊을 수 없다.

음원을 들으면서 빈칸을 채우고, 모범 답변을 큰 소리로 따라 연습하세요.

下面/我开始回答/第十一题。图片上的人/正在 ____，这/让我想起了/
我 ____ 的/经历。我/是一个/____，我原来是 ____。
我从来没/____，但是/因为 ____，今年/____。
____ 那天/我们一家人/都很忙，妈妈/负责/____，
我/负责/____，爸爸/负责/____。我们忙了/一整天。现在
____ 新房子/____，但是/____。
我现在还/忘不了/____ 那天的情况，____。

핵심 키워드: 搬家，大学，离，远，搬出来，一个人，干净，温馨，想家

HSKK 중국어 말하기 시험

준비시간: 2분 30초, 답변시간: 2분

第二部分: 第11题，看图说话。

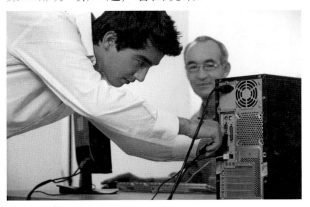

나만의 답변 만들기

08 학교, 공부

필수 어휘

음원을 들으며 제시된 단어를 익혀보세요.

 MP3 8-1

단어	병음	뜻
学习	xuéxí	⑧ 공부하다, 학습하다
讨论	tǎolùn	⑧ 토론하다
作业	zuòyè	⑲ 숙제
准备	zhǔnbèi	⑧ 준비하다
参加	cānjiā	⑧ 참가하다, 참석하다
考试	kǎoshì	⑲ 시험
安静	ānjìng	⑱ 조용하다, 고요하다
坚持	jiānchí	⑧ 지속하다, 견지하다
认真	rènzhēn	⑱ 성실하다, 열심히 하다
成绩	chéngjì	⑲ 성적
结果	jiéguǒ	⑲ 결과
气氛	qìfēn	⑲ 분위기

5개 핵심 키워드

그림을 보고 설명하세요.

5개 필수 문장

5개의 필수 문장을 익혀보세요.

⊙— 필수 패턴1

看起来(好像)······   보기에 ~하는 것 같다, 보아하니 ~하다

예시 他看起来好像有点儿不舒服。   그는 보기에 몸이 조금 좋지 않은 것 같다.

1 图片上的人正在图书馆里学习，她看起来非常认真。

Túpiàn shang de rén zhèngzài túshūguǎn li xuéxí, tā kàn qǐlai fēicháng rènzhēn.

사진에 있는 사람은 지금 도서관에서 공부를 하고 있다. 그녀는 매우 열심히 하고 있는 것 같다.

2 虽然很多人喜欢在家里学习，但是我更喜欢在图书馆学习的气氛。

Suīrán hěn duō rén xǐhuan zài jiā li xuéxí, dànshì wǒ gèng xǐhuan zài túshūguǎn xuéxí de qìfēn.

비록 많은 사람들은 집에서 공부하는 것을 좋아하지만, 저는 도서관에서 공부하는 분위기를 더 좋아한다.

3 最近我在准备一个重要的考试，所以经常去图书馆。

Zuìjìn wǒ zài zhǔnbèi yí ge zhòngyào de kǎoshì, suǒyǐ jīngcháng qù túshūguǎn.

최근에 저는 중요한 시험을 준비하고 있어서, 자주 도서관에 간다.

4 只要我不打工的话，我就去图书馆学习。

Zhǐyào wǒ bù dǎgōng dehuà, wǒ jiù qù túshūguǎn xuéxí.

아르바이트가 없는 날이면, 저는 바로 도서관에 가서 공부를 한다.

🎧 **필수 패턴2**

我希望A	나는 A하기를 바란다

예시 我希望能提高我的汉语水平。

나는 나의 중국어 수준을 향상시킬 수 있기를 바란다.

---

5 上个学期我的成绩不错，我希望这个学期也能得到好成绩。

Shàng ge xuéqī wǒ de chéngjì búcuò, wǒ xīwàng zhège xuéqī yě néng dédào hǎo chéngjì.

지난 학기에 제 성적이 좋았는데, 이번 학기에도 좋은 성적을 받을 수 있기를 바란다.

모범 답변 확인하기

음원을 들으면서 모범 답변을 큰 소리로 따라 연습하세요.

 MP3 8-2

下面/我开始回答/第十二题。图片上的人/正在图书馆里/学习，
Xiàmiàn wǒ kāishǐ huídá dì shí'èr tí. Túpiàn shang de rén zhèngzài túshūguǎn li xuéxí,

她看起来/非常认真。我/是一个/大学生，我也/每天都去图书馆/学习。
tā kàn qǐlai fēicháng rènzhēn. Wǒ shì yí ge dàxuéshēng, wǒ yě měi tiān dōu qù túshūguǎn xuéxí.

虽然/很多人喜欢/在家里学习，但是/我更喜欢/在图书馆/学习的气氛。
Suīrán hěn duō rén xǐhuan zài jiā li xuéxí, dànshì wǒ gèng xǐhuan zài túshūguǎn xuéxí de qìfēn.

因为最近/我在准备/一个重要的考试，所以/经常去图书馆。
Yīnwèi zuìjìn wǒ zài zhǔnbèi yí ge zhòngyào de kǎoshì, suǒyǐ jīngcháng qù túshūguǎn.

只要/我不打工的话，我就/去图书馆学习。
Zhǐyào wǒ bù dǎgōng dehuà, wǒ jiù qù túshūguǎn xuéxí.

我现在/坚持/每天学习/两个小时，
Wǒ xiànzài jiānchí měi tiān xuéxí liǎng ge xiǎoshí,

我打算/从明天开始/每天学习/三个小时。
wǒ dǎsuan cóng míngtiān kāishǐ měi tiān xuéxí sān ge xiǎoshí.

上个学期/我的成绩/不错，我希望/这个学期/也能得到/好成绩。
Shàng ge xuéqī wǒ de chéngjì búcuò, wǒ xīwàng zhège xuéqī yě néng dédào hǎo chéngjì.

해석 그럼 12번 문제에 대한 답변을 시작하겠습니다. 사진에 있는 사람은 지금 도서관에서 공부를 하고 있다. 그녀는 매우 열심히 하고 있는 것 같다. 저는 대학생인데, 저도 매일 도서관에 공부하러 간다. 비록 많은 사람들이 집에서 공부하는 것을 좋아하지만, 저는 도서관에서 공부하는 분위기를 더 좋아한다. 최근에 저는 중요한 시험을 준비하고 있어서, 자주 도서관에 간다. 아르바이트가 없는 날이면, 저는 바로 도서관에 가서 공부를 한다. 저는 지금 매일 두 시간 공부하고 있는데, 내일부터 매일 세 시간씩 공부할 것이다. 지난 학기에 제 성적이 좋았는데, 이번 학기에도 좋은 성적을 받을 수 있기를 바란다.

답변 템플릿을 참고하여 스스로 나만의 답변을 만들어보세요.

답변 템플릿

도입	사진에 있는 사람들은 지금 ○○○를 하고 있다. 그들은 매우 ○○○한 것 처럼 보인다.
전개	저도 자주 ○○○을 한다. 비록 많은 사람들은 ○○○을 좋아하지만, 저는 ○○○하는 것을 더 좋아한다. 왜냐하면 ○○○하기 때문이다. 저는 지금 매일 두 시간 공부하고 있는데, 내일부터 매일 세 시간씩 공부할 것이다.
마무리	지난 학기에 제 성적이 좋았는데, 이번 학기에도 좋은 성적을 받을 수 있기를 바란다.

음원을 들으면서 빈칸을 채우고, 모범 답변을 큰 소리로 따라 연습하세요.

下面/我开始回答/ 第十二题 。图片上的几个人/正在   , 他们看起来/

非常认真。我/是一个/大学生, 我也/

/学习。虽然/很多人喜欢/   , 但是/我更喜欢/

                  。因为/   , 所以我/经常   。

这样/我们可以/   , 我觉得/   。我现

在/坚持/每天学习/   , 我打算/   。上个学期/

              , 我希望/这个学期/   。

핵심 키워드: 一起 , 作业 , 讨论 , 效果 , 好 , 坚持 , 两个小时 , 好成绩

HSKK 중국어 말하기 시험

第二部分: 第12题，看图说话。

나만의 답변 만들기

09 직장, 비즈니스

필수 어휘

음원을 들으며 제시된 단어를 익혀보세요.

 MP3 9-1

단어	병음	뜻
工作	gōngzuò	몡 일, 업무 통 일하다
开会	kāihuì	통 회의하다
写报告	xiě bàogào	보고서를 쓰다
加班	jiābān	통 야근하다, 잔업하다
打电话	dǎ diànhuà	전화를 하다, 전화를 걸다
出差	chūchāi	통 출장 가다
应聘	yìngpìn	통 (회사에) 지원하다
面试	miànshì	몡 면접 통 면접을 보다
合作	hézuò	통 협력하다
能干	nénggàn	휑 유능하다, 일을 잘한다
表扬	biǎoyáng	통 칭찬하다 몡 칭찬
批评	pīpíng	통 꾸짖다, 혼내다, 비평하다

5개 핵심 키워드

그림을 보고 설명하세요.

5개 필수 문장

5개의 필수 문장을 익혀보세요.

1　我爸爸在一家大公司工作，他的工作特别忙。
　　Wǒ bàba zài yì jiā dà gōngsī gōngzuò, tā de gōngzuò tèbié máng.
　　우리 아빠는 대기업에서 일하는데, 그의 업무는 매우 바쁘다.

跟图片上的这个人一样，……　　　사진에 있는 이 사람처럼~

예시 跟图片上的这个人一样，他经常出差。
사진에 있는 이 사람처럼 그는 자주 출장을 간다.

2 跟图片上的这个人一样，他经常跟客户打电话。
Gēn túpiàn shang de zhège rén yíyàng, tā jīngcháng gēn kèhù dǎ diànhuà.
사진에 있는 이 사람처럼, 그는 자주 고객과 전화를 한다.

3 他是一个很能干的人，所以他的同事们都很喜欢他。
Tā shì yí ge hěn nénggàn de rén, suǒyǐ tā de tóngshìmen dōu hěn xǐhuan tā.
그는 유능한 사람이기 때문에, 그의 동료들도 모두 그를 좋아한다.

4 虽然他的工作压力很大，但是他很喜欢他的工作。
Suīrán tā de gōngzuò yālì hěn dà, dànshì tā hěn xǐhuan tā de gōngzuò.
비록 그의 업무 스트레스가 심하지만, 그는 그의 일을 매우 좋아한다.

A经常说B　　　A는 자주 B를 말한다

예시 她经常说她最喜欢学汉语。
그녀는 자주 중국어 배우는 것을 가장 좋아한다고 말한다.

5 他经常说他工作的时候最有成就感。
Tā jīngcháng shuō tā gōngzuò de shíhou zuì yǒu chéngjiùgǎn.
그는 항상 일할 때 가장 보람을 느낀다고 말한다.

모범 답변 확인하기

음원을 들으면서 모범 답변을 큰 소리로 따라 연습하세요.

下面/我开始回答/第十二题。我爸爸/在一家大公司/工作，他的工作/特别忙。
Xiàmiàn wǒ kāishǐ huídá dì shí'èr tí. Wǒ bàba zài yì jiā dà gōngsī gōngzuò, tā de gōngzuò tèbié máng.

跟图片上的这个人/一样，他经常/跟客户打电话。
Gēn túpiàn shang de zhège rén yíyàng, tā jīngcháng gēn kèhù dǎ diànhuà.

他是/一个很能干的人，所以/他的同事们/都很喜欢他。
Tā shì yí ge hěn nénggàn de rén, suǒyǐ tā de tóngshìmen dōu hěn xǐhuan tā.

虽然/爸爸的工作压力/很大，但是/他很喜欢/他的工作。
Suīrán bàba de gōngzuò yālì hěn dà, dànshì tā hěn xǐhuan tā de gōngzuò.

爸爸经常说/他工作的时候/最有成就感。
Bàba jīngcháng shuō tā gōngzuò de shíhou zuì yǒu chéngjiùgǎn.

我特别/尊敬他，我希望/能成为/像爸爸一样/有能力的人。
Wǒ tèbié zūnjìng tā, wǒ xīwàng néng chéngwéi xiàng bàba yíyàng yǒu nénglì de rén.

第十二题/回答完了。
Dì shí'èr tí huídáwán le.

해석 그럼 12번 문제에 대한 답변을 시작하겠습니다. 우리 아빠는 대기업에서 일하는데, 그의 업무는 매우 바쁘다. 사진에 있는 이 사람처럼, 그는 자주 고객과 전화를 한다. 그는 유능한 사람이기 때문에, 그의 동료들도 모두 그를 좋아한다. 비록 그의 업무 스트레스가 심하지만, 그는 그의 일을 매우 좋아한다. 그는 항상 일할 때 가장 보람을 느낀다고 말한다. 저는 아빠를 특히 존경하는데, 아빠처럼 유능한 사람이 될 수 있기를 바란다. 12번 문제 답변 끝났습니다.

답변 템플릿을 참고하여 스스로 나만의 답변을 만들어보세요.

답변 템플릿

도입	나의 ○○○ 은 ○○○ 회사에서 일하는데, 그의 업무는 매우 바쁘다. 사진 속의 사람처럼, 그도 자주 ○○○ 을 한다.
전개	그는 유능한 사람이라서, 그의 동료들은 다 그를 좋아한다. 그의 업무 스트레스는 많지만, 그는 그의 일을 좋아한다.
마무리	그는 일할 때 가장 보람을 느낀다고 말한다.

음원을 들으면서 빈칸을 채우고, 모범 답변을 큰 소리로 따라 연습하세요. **MP3 9-3**

下面/我开始回答/第12题。　　　　　/在　　　　　/工作，她的工作/

　　　　　。跟图片上的这个人/一样，她经常/　　　　　　　　　。

她是/一个　　　　　的人，所以/她的同事们/　　　　　　　　。

虽然/　　　　　　　　　　，但是/　　　　　　　　。妈妈

经常说/　　　　　　　　　。我特别/尊敬她，我希望/能成为/

　　　　　。第12题/回答完了。

핵심 키워드: 妈妈 , 大公司 , 忙 , 同事 , 开会 , 会议 , 能干 , 有能力

실전 테스트

HSKK 중국어 말하기 시험	준비시간: 2분 30초, 답변시간: 2분

第二部分: 第12题，看图说话。

나만의 답변 만들기

10 감정, 축하

필수 어휘

음원을 들으며 제시된 단어를 익혀보세요.

 MP3 10-1

단어	병음	뜻
祝贺	zhùhè	통 축하하다 명 축하
庆祝	qìngzhù	통 축하하다, 경축하다
开心	kāixīn	형 즐겁다, 유쾌하다
兴奋	xīngfèn	통 흥분하다, 감격하다
幸福	xìngfú	형 행복하다 명 행복
放心	fàngxīn	통 마음을 놓다, 안심하다
担心	dānxīn	통 염려하다, 걱정하다
烦恼	fánnǎo	통 걱정하다, 번뇌하다 명 걱정, 번뇌
着急	zháojí	통 조급해하다, 안달하다
伤心	shāngxīn	통 슬퍼하다, 상심하다
可惜	kěxī	형 아쉽다, 아깝다 통 아쉬워하다
失望	shīwàng	통 실망하다, 낙담하다

5개 핵심 키워드

그림을 보고 설명하세요.

누가

느낌/
감정

행동1

행동3

행동2

一家人

忘不了

聚

庆祝

过生日

5개 필수 문장

5개의 필수 문장을 익혀보세요.

1. 图片上的这些人正在给一个人过生日，他们看起来非常开心，这让我想起了我妈妈今年的生日。

Túpiàn shang de zhèxiē rén zhèngzài gěi yí ge rén guò shēngrì, tāmen kàn qǐlai fēicháng kāixīn, zhè ràng wǒ xiǎngqǐ le wǒ māma jīnnián de shēngrì.

사진의 사람들은 한 명의 생일을 축하해주고 있는데, 매우 즐거워 보인다. 이는 올해 엄마의 생일을 생각나게 한다.

🎧 필수 패턴1

对我来说……   나에게 있어서~

예시 对我来说，这是一个难得的机会。   나에게 있어서, 이것은 얻기 어려운 기회이다.

---

2 对我来说，生活应该有仪式感。
Duì wǒ lái shuō, shēnghuó yīnggāi yǒu yíshìgǎn.
저에게 있어서, 살면서 기념일이나 특별한 날은 꼭 챙겨야 한다.

🎧 필수 패턴2

只要A，就B   A하기만 하면, 바로 B하다

예시 只要有时间，我就去踢足球。   시간만 있으면, 나는 바로 축구를 하러 간다.

---

3 不管是家人还是朋友，只要有人过生日，我就一定会为他们庆祝。
Bùguǎn shì jiārén háishi péngyou, zhǐyào yǒu rén guò shēngrì, wǒ jiù yídìng huì wèi tāmen qìngzhù.
가족이든 친구든 누군가 생일을 맞으면, 나는 반드시 그들을 위해 축하를 한다.

4 今年我妈妈过生日的时候，我们一家人聚在一起为她庆祝了。
Jīnnián wǒ māma guò shēngrì de shíhou, wǒmen yìjiārén jùzài yìqǐ wèi tā qìngzhù le.
올해 우리 엄마 생신 때, 우리 가족이 다 함께 모여서 엄마의 생일을 축하했다.

5 收到我们的祝福，妈妈非常开心。她说她永远也忘不了今年的生日。
Shōudào wǒmen de zhùfú, māma fēicháng kāixīn. Tā shuō tā yǒngyuǎn yě wàng bu liǎo jīnnián de shēngrì.
우리의 축복을 받고, 엄마는 매우 기뻐하셨다. 그녀는 올해 생일을 영원히 잊지 못할 것이라고 말하셨다.

모범 답변 확인하기

음원을 들으면서 모범 답변을 큰 소리로 따라 연습하세요.

下面/我开始回答/第十一题。图片上的这些人/正在/给一个人过生日，
Xiàmiàn wǒ kāishǐ huídá dì shíyī tí. Túpiàn shang de zhèxiē rén zhèngzài gěi yí ge rén guò shēngrì,

他们看起来/非常开心，这/让我想起了/我妈妈今年的生日。
tāmen kàn qǐlai fēicháng kāixīn, zhè ràng wǒ xiǎngqǐ le wǒ māma jīnnián de shēngrì.

对我来说，生活/应该有仪式感。
Duì wǒ lái shuō, shēnghuó yīnggāi yǒu yíshìgǎn.

不管是家人/还是朋友，只要/有人过生日，我就/一定会/为他们庆祝。
Bùguǎn shì jiārén háishi péngyou, zhǐyào yǒu rén guò shēngrì, wǒ jiù yídìng huì wèi tāmen qìngzhù.

今年/我妈妈/过生日的时候，我们一家人/聚在一起/为她庆祝了。
Jīnnián wǒ māma guò shēngrì de shíhou, wǒmen yìjiārén jùzài yìqǐ wèi tā qìngzhù le.

爸爸/给妈妈/买了一束鲜花，姐姐/给妈妈/买了一件新衣服，
Bàba gěi māma mǎi le yí shù xiānhuā, jiějie gěi māma mǎi le yí jiàn xīn yīfu,

我/给妈妈/买了一块(儿)大蛋糕。收到/我们的祝福，妈妈/非常开心。
wǒ gěi māma mǎi le yí kuàir dà dàngāo. Shōudào wǒmen de zhùfú, māma fēicháng kāixīn.

她说/她永远也忘不了/今年的生日。
Tā shuō tā yǒngyuǎn yě wàng bu liǎo jīnnián de shēngrì.

해석 그럼 11번 문제에 대한 답변을 시작하겠습니다. 사진의 사람들은 한 명의 생일을 축하해주고 있는데, 매우 즐거워 보인다. 이는 올해 엄마의 생일을 생각나게 한다. 저에게 있어서, 살면서 기념일이나 특별한 날은 꼭 챙겨야 한다. 가족이든 친구든 누군가 생일을 맞으면, 나는 반드시 그들을 위해 축하를 한다. 올해 우리 엄마 생신 때, 우리 가족이 다 함께 모여서 엄마의 생일을 축하했다. 아빠는 엄마에게 꽃 한 다발을 선물하셨고, 언니는 새 옷을 사드렸고, 나는 케이크 하나를 사드렸다. 우리의 축복을 받고, 엄마는 매우 기뻐하셨다. 그녀는 올해 생일을 영원히 잊지 못할 것이라고 말하셨다.

답변 템플릿을 참고하여 스스로 나만의 답변을 만들어보세요.

답변 템플릿

도입	그림 속의 사람은 ○○○를 하고 있는데, 그들은 매우 ○○○해 보인다. 이는 ○○○을 생각나게 한다.
전개	저에게 있어서, 살면서 기념일이나 특별한 날은 꼭 챙겨야 한다. 가족이든 친구든 누군가 ○○○을 맞으면, 나는 반드시 그들을 위해 축하를 한다. ○○○ 일 때, ○○○이 다 함께 모여서 ○○○를 축하했다.
마무리	우리의 축복을 받고, ○○○은 매우 ○○○했다. ○○○는 영원히 잊지 못할 것이라 했다.

음원을 들으면서 빈칸을 채우고, 모범 답변을 큰 소리로 따라 연습하세요.

下面/我开始回答/第十一题。图片上的两个人/正在   ，
他们看起来/非常   ，这/让我想起了/   。对我来说，
            。不管是家人/还是朋友，只要/   ，我
就/一定会/为他们庆祝。   的时候，   /聚
在一起/   庆祝了。
            。收到/我们的祝福，   /非常开
心。   /她永远也忘不了/   。

핵심 키워드: 举行 , 婚礼 , 幸福 , 结婚 , 婚房 , 婚纱 , 丈夫

실전 테스트

HSKK 중국어 말하기 시험	준비시간: 2분 30초, 답변시간: 2분

第二部分: 第12题，看图说话。

나만의 답변 만들기

回答问题

질문에 대답하기

제3부분은 화면에 제시된 질문을 보고 자신의 의견이나 생각을 정리하여 2분 동안 대답하는
유형으로, 총 2문제가 출제되며, 시험 시간은 총 4분이다. 특히, 음성 녹음이 아닌 컴퓨터 화면
에 중국어로 질문이 나오고, 병음도 함께 제시되기 때문에 대답할 때 질문을 활용해주는 것
이 좋다. 말하기 전 준비 시간이 주어지는데, 준비 시간은 총 10분으로 제2~3부분 질문을
모두 준비해야 하므로 시간 분배를 신경 써야 한다.

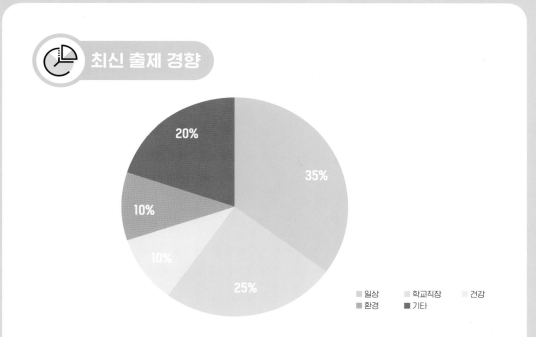

최신 출제 경향

주제별 출제 비중을 살펴보면 일상과 관련된 질문이 가장 많이 출제되는데, 대부분 개인의 취향이나 하루
일과에 관련된 질문이다. 학교나 직장 생활 관련된 질문도 자주 출제되며, 공부 방법이나 유학, 이상적인
직업 등에 대해 물어보는 질문이 많다. 건강과 관련된 주제에서는 운동과 다이어트 관련 질문이 많이 출제
되고, 환경은 HSKK 단골 주제이기 때문에 관련 어휘를 반드시 공부해야 한다. 또한 최근에는 인터넷이나
스마트폰 등 IT 관련 질문이나 개인의 가치관이나 견해를 물어보는 질문도 나오기 때문에 다양한 주제를
폭넓게 대처할 수 있도록 나만의 DIY 답변 템플릿을 만들어 반복 연습을 해야 한다.

쉬엔 쌤의 공략비법

핵심1 질문을 그대로 활용하여 대답하자.

제시된 질문을 보고 대답을 준비할 때, 첫 문장은 질문을 그대로 활용하는 것이 좋다. 특히, 제3부분은 2분 동안 대답해야 하는데 대답할 말이 없거나 생각이 안나는 경우 질문을 그대로 활용하는 것이 도움이 된다.

핵심2 준비 시간을 알차게 활용하자.

제2,3부분의 준비 시간은 총 10분으로, 한 문제에 2-3분씩 투자하여 핵심 키워드와 활용할 패턴 등을 적어 두는 것이 좋다. 대답할 답변 전체를 메모하기에는 시간이 충분하지 않으므로 키워드 위주로 메모해야 한다.

핵심3 서론-본론-결론이 뚜렷한 논리적인 답변을 만드는 것이 좋다.

떠오르는 문장들을 두서없이 이야기하는 것이 아니라, 주장과 그에 대한 근거가 분명한 논리적인 답변을 만드는 것이 좋다. 서론에서는 질문의 내용을 그대로 활용하고, 본론에서는 그 이유를 2-3문장으로 정리한 다음 마무리에서 자신의 주장을 한 번 더 강조하는 것이 좋다. 책에서 제시하는 5개의 필수 키워드를 활용하여 논리적인 답변을 만드는 것이 도움이 된다.

핵심4 HSKK 중급 필수 만능 템플릿을 제대로 활용하자.

스스로 작문이 어려운 경우, 필수 만능 패턴과 템플릿을 활용하여 간결하면서도 정확한 문장을 만드는 연습을 하는 것이 좋다.

11 취미, 취향

제3부분 l 질문에 대답하기

빈출 질문

일상 관련 주제에서는 개인의 취향이나 취미 또는 관심사에 대한 질문이 많이 출제된다.

❶ 즐겨하는 취미 관련 질문

你喜欢什么运动? 为什么?

Nǐ xǐhuan shénme yùndòng? Wèi shénme?

당신은 어떤 운동을 좋아하세요? 왜 좋아하나요?

❷ 좋아하는 취향 관련 질문

请说一下，你最喜欢什么颜色。为什么?

Qǐng shuō yíxià, nǐ zuì xǐhuan shénme yánsè. Wèi shénme?

당신이 어떤 색을 가장 좋아하는지 이야기해주세요. 왜 좋아하나요?

필수 어휘

음원을 들으며 제시된 단어를 익혀 보세요.　　　 MP3 11-1

단어	병음	뜻
羽毛球	yǔmáoqiú	몡 배드민턴
篮球	lánqiú	몡 농구
足球	zúqiú	몡 축구
踢	tī	통 (공을) 차다
简单	jiǎndān	혱 간단하다, 쉽다
易学	yì xué	배우기 쉽다
费用	fèiyòng	몡 비용

附近	fùjìn	몡 부근, 근처
坚持	jiānchí	통 유지하다, 견지하다, 지속하다
散步	sànbù	통 산책하다
跑步	pǎobù	통 달리기 하다
争取	zhēngqǔ	통 쟁취하다, ~을 목표로 노력하다
周围	zhōuwéi	몡 주위, 주변
花钱	huā qián	돈을 쓰다
骑	qí	통 (자전거 등을) 타다
自行车	zìxíngchē	몡 자전거
自行车道	zìxíngchē dào	몡 자전거 도로
随时	suíshí	튀 언제나, 수시로
颜色	yánsè	몡 색, 색깔
皮肤	pífū	몡 피부
配	pèi	통 어울리다,
适合	shìhé	통 적합하다, 알맞다, 잘 어울리다
显得	xiǎnde	통 ~하게 보이다, ~인 것처럼 보이다
减肥	jiǎnféi	통 다이어트하다, 살을 빼다

질문을 보고 대답하세요.

1 你喜欢什么运动? 为什么?
Nǐ xǐhuan shénme yùndòng? Wèi shénme?
당신은 어떤 운동을 좋아하세요? 왜 좋아하나요?

핵심 키워드로 브레인스토밍하기

5개 필수 문장

5개의 필수 문장을 익혀 보세요.

⊙ 필수 패턴1

有的人A, 有的人B   어떤 사람은 A하고, 어떤 사람은 B한다.

예시 公园里有的人在散步, 有的人在跑步。
공원에서 어떤 사람은 산책을 하고, 어떤 사람은 달리기를 한다.

1 每个人喜欢的运动当然都不同，有的人喜欢踢足球，有的人喜欢打篮球。

Měi ge rén xǐhuan de yùndòng dāngrán dōu bùtóng yǒude rén xǐhuan tī zúqiú,
yǒude rén xǐhuan dǎ lánqiú.

사람마다 좋아하는 운동은 당연히 다 다르다. 어떤 사람은 축구를 좋아하고, 어떤 사람은 농구를 좋아한다.

2 对我来说，我特别喜欢打羽毛球。

Duì wǒ lái shuō, wǒ tèbié xǐhuan dǎ yǔmáoqiú.

저는 배드민턴 치는 것을 특히 좋아한다.

3 因为打羽毛球简单易学，我从小就开始学打羽毛球。

Yīnwèi dǎ yǔmáoqiú jiǎndān yì xué, wǒ cóngxiǎo jiù kāishǐ xué dǎ yǔmáoqiú.

왜냐하면 배드민턴은 간단하고 배우기 쉽기 때문에, 저는 어릴 때부터 배드민턴을 배우기 시작했다.

4 而且羽毛球场的费用不贵，我家附近就有很多羽毛球场，随时都可以去。

Érqiě yǔmáoqiú chǎng de fèiyòng bú guì, wǒ jiā fùjìn jiù yǒu hěn duō yǔmáoqiú
chǎng, suíshí dōu kěyǐ qù.

게다가 배드민턴장은 비용이 비싸지 않고, 집 근처에 배드민턴장이 많아서 언제든 갈 수 있다.

필수 패턴2

以后我要争取…… 앞으로 ~를 하도록 노력하겠다

> **예시** 以后我要争取多学汉语。
> 앞으로 나는 중국어를 많이 배우도록 노력하겠다.

5 以后我要争取每周去打一次羽毛球，坚持运动。

Yǐhòu wǒ yào zhēngqǔ měi zhōu qù dǎ yí cì yǔmáoqiú, jiānchí yùndòng.

앞으로 저는 매주에 한 번씩 배드민턴을 치고, 꾸준히 운동할 수 있도록 노력하겠다.

음원을 들으면서 모범 답변을 큰 소리로 따라 연습하세요.

每个人喜欢的运动/当然都不同，有的人/喜欢踢足球，有的人/喜欢打篮球。
Měi ge rén xǐhuan de yùndòng dāngrán dōu bùtóng, yǒude rén xǐhuan tī zúqiú, yǒude rén xǐhuan dǎ lánqiú.

对我来说，我特别喜欢/打羽毛球。
Duì wǒ lái shuō, wǒ tèbié xǐhuan dǎ yǔmáoqiú.

因为打羽毛球/简单易学，我从小就开始/学打羽毛球。
Yīnwèi dǎ yǔmáoqiú jiǎndān yì xué, wǒ cóngxiǎo jiù kāishǐ xué dǎ yǔmáoqiú.

我周围很多朋友/也都会/打羽毛球，
Wǒ zhōuwéi hěn duō péngyou yě dōu huì dǎ yǔmáoqiú,

所以/周末我经常和朋友们/一起去打羽毛球。
suǒyǐ zhōumò wǒ jīngcháng hé péngyoumen yìqǐ qù dǎ yǔmáoqiú.

而且/羽毛球场的费用/不贵，
Érqiě yǔmáoqiú chǎng de fèiyòng bú guì,

我家附近/就有很多/羽毛球场，随时都可以去。
wǒ jiā fùjìn jiù yǒu hěn duō yǔmáoqiú chǎng, suíshí dōu kěyǐ qù.

我觉得/这是一个很好的运动。
Wǒ juéde zhè shì yí ge hěn hǎo de yùndòng.

其实/最近因为/我学习很忙，所以我很少/去打羽毛球。
Qíshí zuìjìn yīnwèi wǒ xuéxí hěn máng, suǒyǐ wǒ hěn shǎo qù dǎ yǔmáoqiú.

以后/我要争取/每周去打一次/羽毛球，坚持运动。
Yǐhòu wǒ yào zhēngqǔ měi zhōu qù dǎ yí cì yǔmáoqiú, jiānchí yùndòng.

해석 사람마다 좋아하는 운동은 당연히 다 다르다. 어떤 사람은 축구를 좋아하고, 어떤 사람은 농구를 좋아한다. 저는 배드민턴 치는 것을 특히 좋아한다. 왜냐하면 배드민턴은 간단하고 배우기 쉽기 때문에, 저는 어릴 때부터 배드민턴을 배우기 시작했다. 제 주변에 많은 친구들도 다 배드민턴을 칠 줄 알아, 주말에 저는 자주 친구들과 함께 배드민턴을 친다. 게다가 배드민턴장은 비용이 비싸지 않고, 집 근처에 배드민턴장이 많아서 언제든 갈 수 있다. 저는 이것이 매우 좋은 운동이라고 생각한다. 사실 최근에 공부하기 바빠 배드민턴 치러 자주 가지 못했다. 앞으로 저는 매주에 한 번씩 배드민턴을 치고, 꾸준히 운동할 수 있도록 노력하겠다.

나만의 DIY 답변

답변 템플릿을 참고하여 스스로 나만의 답변을 만들어 보세요.

你喜欢什么运动? 为什么?

Nǐ xǐhuan shénme yùndòng? Wèi shénme?

당신은 어떤 운동을 좋아하세요? 왜 좋아하나요?

답변 템플릿

도입	사람마다 좋아하는 운동은 당연히 다 다르다. 어떤 사람은 ○○○를 좋아하고, 어떤 사람은 ○○○를 좋아한다.
전개	저는 ○○○하는 것을 특히 좋아한다. 왜냐하면 ○○○은 간단해서 배우기 쉽기 때문에, 저는 어릴 때부터 ○○○을 배우기 시작했다. 제 주변에 많은 친구들도 다 ○○○을 할 줄 알아, 주말에 저는 자주 친구들과 함께 ○○○을 한다. 게다가 ○○○해서 언제든 갈 수 있다.
마무리	저는 이것이 매우 좋은 운동이라고 생각한다. 사실 최근에 공부하기 바빠 ○○○를 하러 자주 가지 못했다. 앞으로 저는 ○○○를 하고, 꾸준히 운동할 수 있도록 노력하겠다.

음원을 들으면서 빈칸을 채우고, 모범 답변을 큰 소리로 따라 연습하세요. MP3 11-3

每个人喜欢的运动/当然都不同，有的人/喜欢 ⬜⬜⬜ ，有的人/喜欢 ⬜⬜⬜ 。对我来说，我特别喜欢/ ⬜⬜⬜ 。因为 ⬜⬜⬜ /简单易学，我从小就/ ⬜⬜⬜ 。我周围很多朋友/也都会/ ⬜⬜⬜ ，所以/周末我经常和朋友们/一起 ⬜⬜⬜ 。而且/ ⬜⬜⬜ ，我家附近/就有 ⬜⬜⬜ ，随时都可以 ⬜⬜⬜ 。我觉得/这是一个很好的运动。其实/最近因为/我学习很忙，所以我很少/去 ⬜⬜⬜ 。以后/我要争取/ ⬜⬜⬜ ，坚持运动。

핵심 키워드: 骑自行车, 简单易学, 花钱, 自行车道, 随时, 争取

HSKK 중국어 말하기 시험

第三部分: 第13题, 回答问题。

Qǐng shuō yíxià, nǐ zuì xǐhuan shénme yánsè. Wèi shénme?

13. 请说一下, 你最喜欢什么颜色。为什么?（2分钟）

나만의 답변 만들기

12 일상, 생활

빈출 질문

일상이나 생활 관련 주제에서는 하루 일과나 특정 기념일을 보낸 경험 등에 대한 질문이 많이 출제된다.

❶ 주말 계획 관련 질문

周末你一般怎么安排你的时间?

Zhōumò nǐ yìbān zěnme ānpái nǐ de shíjiān?

주말에 당신은 보통 시간을 어떻게 보내나요?

❷ 생일이나 기념일 관련 질문

妈妈过生日时，你想送她什么礼物?

Māma guò shēngrì shí, nǐ xiǎng sòng tā shénme lǐwù?

어머니 생신 때, 당신은 그녀에게 무엇을 선물하고 싶은가요?

필수 어휘

음원을 들으며 제시된 단어를 익혀 보세요. MP3 12-1

단어	병음	뜻
要么	yàome	웹 ~하든지, ~하거나, 또는
爬山	pá shān	통 등산하다
安排	ānpái	통 (스케줄 등을) 짜다, 안배하다
风景	fēngjǐng	명 풍경, 경치
心情	xīnqíng	명 마음, 심정
爆米花	bàomǐhuā	명 팝콘
十分	shífēn	부 매우, 아주

重视	zhòngshì	동 중시하다, 중요하게 여기다
关系	guānxi	명 관계
联系	liánxì	동 연락하다
满	mǎn	형 가득하다, 꽉 차다
礼物	lǐwù	명 선물
准备	zhǔnbèi	동 준비하다
化妆品	huàzhuāngpǐn	명 화장품
巧克力	qiǎokèlì	명 초콜릿
营养品	yíngyǎngpǐn	명 영양제
亲手	qīnshǒu	부 손수, 직접, 스스로
蛋糕	dàngāo	명 케이크
相信	xiāngxìn	동 믿다
健身房	jiànshēnfáng	명 헬스장
健身	jiànshēn	동 헬스하다, 운동하다

질문을 보고 대답하세요.

❶ 周末你一般怎么安排你的时间?
Zhōumò nǐ yìbān zěnme ānpái nǐ de shíjiān?
주말에 당신은 보통 시간을 어떻게 보내나요?

핵심 키워드로 브레인스토밍하기

5개 필수 문장

5개의 필수 문장을 익혀 보세요.

⟶ 필수 패턴1

要么A, 要么B   A하거나, B하거나

예시 我早餐要么吃点面包, 要么吃点水果。
나는 아침으로 빵을 조금 먹거나, 아니면 과일을 조금 먹는다.

1 周末的时候，我要么去爬山，要么去看电影，要么见朋友。每个周末我都会有不同的安排。

Zhōumò de shíhou, wǒ yàome qù pá shān, yàome qù kàn diànyǐng, yàome jiàn péngyou. Měi ge zhōumò wǒ dōu huì yǒu bùtóng de ānpái.

주말에 저는 등산을 가든지, 영화를 보러 가든지, 아니면 친구를 만난다. 주말마다 다른 스케줄이 있다.

🎧 **필수 패턴2**

一边A，一边B　　　　A하면서, B하다

예시 我喜欢一边看电影，一边吃爆米花。
　　　 나는 영화 보면서 팝콘 먹는 것을 좋아한다.

---

2 天气好的时候我经常去爬山，一边爬山，一边看周围的风景，心情特别好。

Tiānqì hǎo de shíhou, wǒ jīngcháng qù pá shān, yìbiān pá shān, yìbiān kàn zhōuwéi de fēngjǐng, xīnqíng tèbié hǎo.

날씨가 좋을 때, 저는 자주 등산을 간다. 산을 오르면서 주변 풍경을 보면, 기분이 매우 좋아진다.

3 天气不好的时候，我喜欢一个人去看电影。

Tiānqì bù hǎo de shíhou, wǒ xǐhuan yì ge rén qù kàn diànyǐng.

날씨가 좋지 않을 때, 저는 혼자 영화 보러 가는 것을 좋아한다.

4 因为我十分重视朋友之间的关系，所以周末经常主动和朋友们联系。

Yīnwèi wǒ shífēn zhòngshì péngyou zhījiān de guānxi, suǒyǐ zhōumò jīngcháng zhǔdòng hé péngoumen liánxì.

저는 친구 관계를 매우 중시하기 때문에, 주말에 자주 먼저 친구들과 연락을 한다.

5 每个周末我都安排得满满的。

Měi ge zhōumò wǒ dōu ānpái de mǎnmǎn de.

저는 주말마다 스케줄이 꽉 차 있다.

음원을 들으면서 모범 답변을 큰 소리로 따라 연습하세요.

周末的时候，我要么/去爬山，要么/去看电影，要么/见朋友。
Zhōumò de shíhou, wǒ yàome qù pá shān, yàome qù kàn diànyǐng, yàome jiàn péngyou.

每个周末/我都会/有不同的安排。
Měi ge zhōumò wǒ dōu huì yǒu bùtóng de ānpái.

天气好的时候，我经常去爬山，一边爬山，一边看/周围的风景，心情特别好。
Tiānqì hǎo de shíhou, wǒ jīngcháng qù pá shān, yìbiān pá shān, yìbiān kàn zhōuwéi de fēngjǐng, xīnqíng tèbié hǎo.

天气不好的时候，我喜欢/一个人去看电影，
Tiānqì bù hǎo de shíhou, wǒ xǐhuan yì ge rén qù kàn diànyǐng,

一边看电影，一边吃爆米花，也特别开心。
yìbiān kàn diànyǐng, yìbiān chī bàomǐhuā, yě tèbié kāixīn.

因为我十分重视/朋友之间的关系，所以周末经常/主动和朋友们联系，
Yīnwèi wǒ shífēn zhòngshì péngyou zhījiān de guānxi, suǒyǐ zhōumò jīngcháng zhǔdòng hé péngoumen liánxì,

约朋友/一起出来喝茶。一边喝茶，一边聊天，时间/过得很快。
yuē péngyou yìqǐ chūlai hē chá. Yìbiān hē chá, yìbiān liáotiān, shíjiān guò de hěn kuài.

每个周末/我都安排得/满满的。
Měi ge zhōumò wǒ dōu ānpái de mǎnmǎn de.

해석 주말에 저는 등산을 가든지, 영화를 보러 가든지, 아니면 친구를 만난다. 주말마다 다른 스케줄이 있다. 날씨가 좋을 때, 저는 자주 등산을 간다. 산을 오르면서 주변 풍경을 보면, 기분이 매우 좋아진다. 날씨가 좋지 않을 때, 저는 혼자 영화 보러 가는 것을 좋아한다. 영화를 보면서 팝콘을 먹으면 특히 신난다. 저는 친구 관계를 매우 중시하기 때문에, 주말에 자주 먼저 친구들과 연락을 한다. 친구와 약속을 잡아 같이 차를 마신다. 함께 차 마시면서, 이야기를 나누면 시간이 빨리 지나간다. 저는 주말마다 스케줄이 꽉 차 있다.

나만의 DIY 답변

답변 템플릿을 참고하여 스스로 나만의 답변을 만들어 보세요.

周末你一般都做什么?

Zhōumò nǐ yìbān dōu zuò shénme?

주말에 당신은 보통 무엇을 하나요?

답변 템플릿

도입	주말에 저는 ○○○을 하든지, ○○○을 하든지, 아니면 친구를 만난다. 저는 주말마다 다른 스케줄이 있다.
전개	날씨가 좋을 때, 저는 자주 ○○○을 한다. ○○○을 하면서, ○○○을 하면, 기분이 매우 좋아진다. 날씨가 좋지 않을 때, 저는 ○○○을 하는 것을 좋아한다. ○○○을 하면서, ○○○을 하면, 특히 신난다. 저는 친구 관계를 매우 중시하기 때문에, 주말에 자주 먼저 친구들과 연락을 한다.
마무리	저는 주말마다 스케줄이 꽉 차 있다.

음원을 들으면서 빈칸을 채우고, 모범 답변을 큰 소리로 따라 연습하세요.

周末的时候，我要么/去 ＿＿＿＿＿＿＿＿，要么/＿＿＿＿＿＿＿＿，要么/
＿＿＿＿＿＿＿。每个周末/我都会/有不同的安排。天气好的时候，我经常去
＿＿＿＿＿＿＿，一边＿＿＿＿＿＿＿，一边＿＿＿＿＿＿＿，
心情特别好。天气不好的时候，我喜欢/去＿＿＿＿＿＿＿，一边
＿＿＿＿＿＿＿，一边＿＿＿＿＿＿＿，也特别开心。因为我十
分重视/＿＿＿＿＿＿＿，所以周末经常/＿＿＿＿＿＿＿，
时间/过得很快。每个周末/我都安排得/满满的。

핵심 키워드: 公园, 跑步, 健身房, 健身, 不同, 安排, 重视, 关系, 联系

HSKK 중국어 말하기 시험

第三部分: 第13题，回答问题。

　　Māma guò shēngrì shí, nǐ xiǎng sòng tā shénme lǐwù?
13. 妈妈过生日时，你想送她什么礼物？(2分钟)

나만의 답변 만들기

13 학교, 공부

학교나 공부 관련 주제에서는 유학 관련 경험이나 의견, 공부 방법, 학창 시절의 기억 등에 대한
질문이 많이 출제된다.

❶ 유학 관련 의견이나 경험

你觉得出国留学有什么好处或坏处?

Nǐ juéde chūguó liúxué yǒu shénme hǎochù huò huàichù?

당신은 해외 유학에 어떤 장단점이 있다고 생각하나요?

❷ 공부 방법 관련 질문

你觉得为了学好汉语，应该怎么做?

Nǐ juéde wèile xuéhǎo Hànyǔ, yīnggāi zěnme zuò?

당신은 중국어를 잘하기 위해서 어떻게 해야 한다고 생각하나요?

필수 어휘

음원을 들으며 제시된 단어를 익혀 보세요. MP3 13-1

단어	병음	뜻
出国	chūguó	⑧ 출국하다, 해외로 가다
留学	liúxué	⑧ 유학하다
好处	hǎochù	⑲ 장점, 좋은 점
坏处	huàichù	⑲ 단점, 나쁜 점
凡事	fánshì	⑲ 모든 일, 만사
比如	bǐrú	㉝ 예를 들면
总之	zǒngzhī	㉝ 한마디로 말하면, 아무튼, 결국, 요컨데

努力	nǔlì	통 노력하다, 힘쓰다 명 노력
考虑	kǎolǜ	통 고려하다, 생각하다
乱	luàn	부 함부로
经济	jīngjì	명 경제
负担	fùdān	명 부담, 책임
决定	juédìng	통 결정하다
套	tào	양 세트
方法	fāngfǎ	명 방법
电视剧	diànshìjù	명 TV 드라마
提高	tígāo	통 향상시키다, 높이다
水平	shuǐpíng	명 수준
帮助	bāngzhù	통 돕다 명 도움
日记	rìjì	명 일기
写作	xiězuò	명 작문
能力	nénglì	명 능력
关键	guānjiàn	명 핵심, 관건
进步	jìnbù	통 발전하다, 진보하다

질문을 보고 대답하세요.

① 你觉得出国留学有什么好处或坏处?
Nǐ juéde chūguó liúxué yǒu shénme hǎochù huò huàichù?
당신은 해외 유학에 어떤 장단점이 있다고 생각하나요?

핵심 키워드로 브레인스토밍하기

5개 필수 문장

5개의 필수 문장을 익혀 보세요.

1 凡事都有好处和坏处, 留学也一样。
Fánshì dōu yǒu hǎochù hé huàichù, liúxué yě yíyàng.
모든 일에는 장단점이 있는데, 유학도 마찬가지다.

🔘 **필수 패턴1**

一方面……, 另一方面……　　한편으로는 ~하고, 다른 한편으로는 ~하다

예시　一方面, 早期留学的好处很多, 但是另一方面, 早期留学也有坏处。
한편으로, 조기 유학의 장점이 많은데, 다른 한편으로는 조기 유학의 단점도 있다.

2 一方面，出国留学的好处很多。我觉得出国留学不但可以学习外语，还能学到外国文化。

Yì fāngmiàn, chūguó liúxué de hǎochù hěn duō. Wǒ juéde chūguó liúxué búdàn kěyǐ xuéxí wàiyǔ, hái néng xuédào wàiguó wénhuà.

한편으로 해외 유학은 좋은 점이 많다. 저는 유학을 가면 외국어 뿐만 아니라 외국 문화도 배울 수 있다고 생각한다.

3 但是另一方面，出国留学也有坏处。

Dànshì lìng yì fāngmiàn, chūguó liúxué yě yǒu huàichù.

하지만 또 한편으로는 해외 유학은 단점도 있다.

4 比如说，因为父母不在身边，所以有些孩子就不努力学习，每天只知道玩儿。

Bǐrú shuō, yīnwèi fùmǔ bú zài shēnbiān, suǒyǐ yǒuxiē háizi jiù bù nǔlì xuéxí, měi tiān zhǐ zhīdào wánr.

예를 들면, 부모가 곁에 없기 때문에 어떤 아이들은 열심히 공부하지 않고 매일 놀기만 한다.

필수 패턴2

总之……	한마디로 말하면, 아무튼, 어쨌든, 결국

예시 总之，我觉得出国留学好处更多。

아무튼, 나는 유학의 장점이 더 많다고 생각한다.

---

5 总之，什么事情都有两个方面，出国留学之前一定要考虑好了再做决定。

Zǒngzhī, shénme shìqing dōu yǒu liǎng ge fāngmiàn, chūguó liúxué zhīqián yídìng yào kǎolǜhǎo le zài zuò juédìng.

아무튼, 어떤 일이든 두 가지 측면이 있기 때문에, 유학을 떠나기 전에 반드시 잘 생각한 후에 결정해야 한다.

모범 답변 확인하기

음원을 들으면서 모범 답변을 큰 소리로 따라 연습하세요.

凡事都有/好处和坏处，留学/也一样。一方面，出国留学的好处/很多。
Fánshì dōu yǒu hǎochù hé huàichù, liúxué yě yíyàng. Yì fāngmiàn, chūguó liúxué de hǎochù hěn duō.

我觉得出国留学/不但可以/学习外语，还能学到/外国文化，
Wǒ juéde chūguó liúxué búdàn kěyǐ xuéxí wàiyǔ, hái néng xuédào wàiguó wénhuà,

交到外国朋友，好处/特别多。
jiāodào wàiguó péngyou, hǎochù tèbié duō.

但是/另一方面，出国留学/也有坏处。
Dànshì lìng yì fāngmiàn, chūguó liúxué yě yǒu huàichù.

比如说，因为/父母不在身边，所以/有些孩子/就不努力学习，每天/只知道玩儿。
Bǐrú shuō, yīnwèi fùmǔ bú zài shēnbiān, suǒyǐ yǒuxiē háizi jiù bù nǔlì xuéxí, měi tiān zhǐ zhīdào wánr.

再比如说，有的人出国以后/就乱花钱，给父母带来/很大的经济负担。
Zài bǐrú shuō, yǒude rén chūguó yǐhòu jiù luàn huā qián, gěi fùmǔ dàilái hěn dà de jīngjì fùdān.

总之，什么事情都有/两个方面，出国留学之前/一定要考虑好了/再做决定。
Zǒngzhī, shénme shìqing dōu yǒu liǎng ge fāngmiàn, chūguó liúxué zhīqián yídìng yào kǎolǜhǎo le zài zuò juédìng.

해석 모든 일에는 장단점이 있는데, 유학도 마찬가지다. 한편으로 해외 유학은 좋은 점이 많다. 저는 유학을 가면 외국어뿐만 아니라 외국 문화도 배울 수 있고, 외국 친구도 사귈 수 있으며 장점이 매우 많다고 생각한다. 하지만 또 한편으로는 해외 유학은 단점도 있다. 예를 들면, 부모가 곁에 없기 때문에 어떤 아이들은 열심히 공부하지 않고 매일 놀기만 한다. 또 예를 들면, 어떤 사람은 해외에 나간 다음 함부로 돈을 써서 부모님에게 경제적인 부담을 가져다 주기도 한다. 아무튼, 어떤 일이든 두 가지 측면이 있기 때문에, 유학을 떠나기 전에 반드시 잘 생각한 후에 결정해야 한다.

나만의 DIY 답변

답변 템플릿을 참고하여 스스로 나만의 답변을 만들어 보세요.

请说一下你对出国留学有什么想法。
Qǐng shuō yíxià nǐ duì chūguó liúxué yǒu shénme xiǎngfǎ.
유학에 대한 당신의 생각을 말해주세요.

답변 템플릿

도입	모든 일에는 장단점이 있는데, 유학도 마찬가지다.
전개	한편으로 해외 유학은 좋은 점이 많다. 저는 유학을 가면 ○○○를 할 수도 있고, ○○○도 할 수 있으며 장점이 매우 많다고 생각한다. 하지만 또 한편으로는 해외 유학은 단점도 있다. 예를 들면, ○○○이 있다.
마무리	아무튼, 어떤 일이든 두 가지 측면이 있기 때문에, 유학을 떠나기 전에 반드시 잘 생각한 후에 결정해야 한다.

음원을 들으면서 빈칸을 채우고, 모범 답변을 큰 소리로 따라 연습하세요. MP3 13-3

凡事都有/好处和坏处，　　　　　/也一样。一方面，出国留学的好处/很多。我觉得　　　　　/不但可以/　　　　　，还能　　　　　，让我们/　　　　　，好处/特别多。但是/另一方面，出国留学/也有坏处。比如说，因为/　　　　　。再比如说，　　　　　。总之，什么事情都有/两个方面，出国留学之前/一定要考虑好了/再做决定。

핵심 키워드: 出国留学, 外语, 外国文化, 自立, 不适应, 性格, 内向

HSKK 중국어 말하기 시험

第三部分: 第13题, 回答问题。

Nǐ juéde wèile xuéhǎo Hànyǔ, yīnggāi zěnme zuò?

13. 你觉得为了学好汉语，应该怎么做？(2分钟)

나만의 답변 만들기

14 직장, 회사생활

빈출 질문

직장이나 회사 생활과 관련 주제에서는 희망하는 직업이나 직장 생활에 대한 질문이 많이 출제된다.

❶ 이상적인 직업이나 꿈 관련 질문

说说你心中理想的职业是什么。

Shuōshuo nǐ xīnzhōng lǐxiǎng de zhíyè shì shénme.

당신이 생각하는 이상적인 직업이 무엇인지 말해보세요.

❷ 출퇴근 관련 질문

你上下班时，一般用什么交通工具?为什么?

Nǐ shàng xiàbān shí, yìbān yòng shénme jiāotōng gōngjù? Wèi shénme?

당신은 출퇴근할 때, 보통 어떤 교통수단을 이용하세요?

필수 어휘

음원을 들으며 제시된 단어를 익혀 보세요.   MP3 14-1

단어	병음	뜻
理想	lǐxiǎng	몡 이상 톙 이상적이다
职业	zhíyè	몡 직업
一般	yìbān	톙 보통이다, 일반적이다
交通工具	jiāotōng gōngjù	몡 교통수단
性格	xìnggé	몡 성격
外向	wàixiàng	톙 외향적이다
实现	shíxiàn	통 실현하다, 이루다

成为	chéngwéi	통 ~가 되다
合格	hégé	통 합격하다 형 훌륭한
从小	cóngxiǎo	부 어릴 때부터
艺术家	yìshùjiā	명 예술가
利用	lìyòng	통 이용하다
地铁	dìtiě	명 지하철
公交车	gōngjiāochē	명 버스
方便	fāngbiàn	형 편리하다
担心	dānxīn	통 걱정하다
路况	lùkuàng	명 도로상황
影响	yǐngxiǎng	명 영향 통 영향을 주다
迟到	chídào	통 지각하다
尽量	jǐnliàng	부 가능한 한
耐心	nàixīn	형 인내심이 강하다, 끈기 있다 명 인내심
信心	xìnxīn	명 자신감

질문을 보고 대답하세요.

❶ 说说你心中理想的职业是什么。
Shuōshuo nǐ xīnzhōng lǐxiǎng de zhíyè shì shénme.
당신이 생각하는 이상적인 직업이 무엇인지 말해보세요.

핵심 키워드로 브레인스토밍하기

5개 필수 문장

5개의 필수 문장을 익혀 보세요.

1 每个人心中理想的职业都不一样。有人想进大公司工作，有人想当医生。
Měi ge rén xīnzhōng lǐxiǎng de zhíyè dōu bù yíyàng. Yǒu rén xiǎng jìn dà gōngsī gōngzuò, yǒu rén xiǎng dāng yīshēng.
사람마다 마음 속의 이상적인 직업은 다 다르다. 어떤 사람은 대기업에서 일하고, 어떤 사람은 의사가 되고 싶어한다.

2 对我来说，我想成为一个合格的好老师。
Duì wǒ lái shuō, wǒ xiǎng chéngwéi yí ge hégé de hǎo lǎoshī.
저는 훌륭한 좋은 선생님이 되고 싶다.

从小就……　　　어릴 때부터 ~ 하다

예시 她从小就喜欢写作。

그녀는 어릴 때부터 글쓰기를 좋아했다.

3 因为我妈妈是小学老师，所以我从小就想当老师。

Yīnwèi wǒ māma shì xiǎoxué lǎoshī, suǒyǐ wǒ cóngxiǎo jiù xiǎng dāng lǎoshī.

왜냐하면 우리 엄마가 초등학교 선생님이시기 때문에, 저는 어렸을 때부터 선생님이 되고 싶었다.

4 而且我的性格很外向，朋友们都说我适合当老师。

Érqiě wǒ de xìnggé hěn wàixiàng, péngyoumen dōu shuō wǒ shìhé dāng lǎoshī.

그리고 저의 성격은 외향적이어서, 친구들이 다 선생님이 잘 어울린다고 말했다.

不是谁都能……的　　누구나 다 ~할 수 있는 것은 아니다

예시 这件事不是谁都能做到的。

이 일은 누구나 다 할 수 있는 것은 아니다.

5 我知道不是谁都能当老师的，为了实现我的理想，我要更加努力学习。

Wǒ zhīdào bú shì shuí dōu néng dāng lǎoshī de, wèile shíxiàn wǒ de lǐxiǎng, wǒ yào gèngjiā nǔlì xuéxí.

저는 누구나 선생님이 될 수 없다는 것을 알고 있다. 저는 꿈을 실현하기 위해서 더욱 열심히 공부할 것이다.

모범 답변 확인하기

음원을 들으면서 모범 답변을 큰 소리로 따라 연습하세요.

 MP3 14-2

每个人心中/理想的职业/都不一样。
Měi ge rén xīnzhōng lǐxiǎng de zhíyè dōu bù yíyàng.

有人/想进大公司/工作，有人/想当医生，还有人/想成为/艺术家。
Yǒu rén xiǎng jìn dà gōngsī gōngzuò, yǒu rén xiǎng dāng yīshēng, hái yǒu rén xiǎng chéngwéi yìshùjiā.

对我来说，我想成为/一个合格的好老师。
Duì wǒ lái shuō, wǒ xiǎng chéngwéi yí ge hégé de hǎo lǎoshī.

因为我妈妈是/小学老师，所以/我从小就/想当老师。
Yīnwèi wǒ māma shì xiǎoxué lǎoshī, suǒyǐ wǒ cóngxiǎo jiù xiǎng dāng lǎoshī.

而且/我的性格/很外向，朋友们都说/我适合当老师，
Érqiě wǒ de xìnggé hěn wàixiàng, péngyoumen dōu shuō wǒ shìhé dāng lǎoshī,

他们的话/让我更有了信心。
tāmen de huà ràng wǒ gèng yǒu le xìnxīn.

我现在/很想当一个/汉语老师，但是我知道/不是谁都能/当老师的。
Wǒ xiànzài hěn xiǎng dāng yí ge Hànyǔ lǎoshī, dànshì wǒ zhīdào bú shì shuí dōu néng dāng lǎoshī de.

为了实现/我的理想，我要更加努力/学汉语。
Wèile shíxiàn wǒ de lǐxiǎng, wǒ yào gèngjiā nǔlì xué Hànyǔ.

해석 사람마다 마음 속에 이상적인 직업은 다 다르다. 어떤 사람은 대기업에서 일하고 싶어하고, 어떤 사람은 의사가 되고 싶어하며, 또 어떤 사람은 예술가가 되고 싶어한다. 저는 훌륭한 좋은 선생님이 되고 싶다. 왜냐하면 우리 엄마가 초등학교 선생님이시기 때문에, 저는 어렸을 때부터 선생님이 되고 싶었다. 그리고 저의 성격은 외향적이어서, 친구들이 다 선생님이 잘 어울린다고 말했다. 그들의 말을 듣고 저는 더 자신감을 가졌다. 저는 지금 중국어 선생님이 되고 싶다. 하지만 저는 누구나 선생님이 될 수 없다는 것을 알고 있다. 저는 꿈을 실현하기 위해서 더욱 열심히 중국어를 배울 것이다.

답변 템플릿을 참고하여 스스로 나만의 답변을 만들어 보세요.

对于 "理想的职业" 你有什么想法?

Duìyú "lǐxiǎng de zhíyè" nǐ yǒu shénme xiǎngfǎ?

'이상적인 직업'에 대해 당신은 어떤 생각을 가지고 있나요?

답변 템플릿

도입	사람마다 마음 속에 이상적인 직업은 다 다르다. 어떤 사람은 ○○○가 되고 싶고, 어떤 사람은 ○○○가 되고 싶어하며, 또 어떤 사람은 ○○○가 되고 싶어한다.
전개	저는 훌륭한 좋은 ○○○이 되고 싶다. 왜냐하면 ○○○ 때문에, 저는 어렸을 때부터 ○○○가 되고 싶었다. 그리고 저의 성격은 ○○○이어서, 친구들이 다 ○○○가 잘 어울린다고 말했다. 그들의 말을 듣고 저는 더 자신감을 가졌다.
마무리	저는 누구나 ○○○이 될 수 없다는 것을 알고 있다. 저는 꿈을 실현하기 위해서 더욱 열심히 ○○○를 할 것 이다.

음원을 들으면서 빈칸을 채우고, 모범 답변을 큰 소리로 따라 연습하세요. MP3 14-3

每个人心中/理想的职业/都不一样。有人/想　　　　　　，有人/想　　　　　，

还有人/想　　　　　　　。对我来说，我想成为　　　　　　　。因为

　　　　　　　　，所以/　　　　　　　　。而且/　　　　　　　，

朋友们都说/　　　　　　　　　　。我现在/很想当一个/

　　　　　，但是我知道/不是谁都能/　　　　　　　的，为了实现/我的

理想，我要更加努力/　　　　　。

핵심 키워드: 当医生 , 成为 , 艺术家 , 合格 , 性格 , 内向 , 适合 , 信心 , 实现

HSKK 중국어 말하기 시험

준비시간: 2분 30초, 답변시간: 2분

第三部分: 第13题，回答问题。

Nǐ shàng xiàbān shí, yìbān yòng shénme jiāotōng gōngjù? Wèi shénme?

13. 你上下班时，一般用什么交通工具?为什么？（2分钟）

나만의 답변 만들기

15 건강

건강 관련 주제도 자주 출제되는데, 특히 다이어트나 운동 또는 건강 관리법에 대한 질문이 많이
출제된다.

❶ 다이어트 관련 질문

你对 '节食减肥' 有什么看法?

Nǐ duì 'jiéshí jiǎnféi' yǒu shénme kànfǎ?
당신은 '굶는 다이어트'에 대해 어떻게 생각하나요?

❷ 운동 관련 질문

你经常锻炼身体吗?

Nǐ jīngcháng duànliàn shēntǐ ma?
당신은 운동을 자주 하나요?

필수 어휘

음원을 들으며 제시된 단어를 익혀 보세요. MP3 15-1

단어	병음	뜻
锻炼	duànliàn	통 단련하다, 운동하다
节食减肥	jiéshí jiǎnféi	굶는 다이어트, 식이조절 다이어트
变得	biànde	통 변하다
健康	jiànkāng	형 건강하다
坚持	jiānchí	통 유지하다, 지속하다, 견지하다
突然	tūrán	부 갑자기
有助于	yǒu zhù yú	~에 도움이 되다, 유용하다

一定	yídìng	男 꼭, 반드시
试	shì	동 시도하다, 시험삼아 해보다
各种	gè zhǒng	형 각종, 여러 가지
反对	fǎnduì	동 반대하다
适当	shìdàng	형 적당하다, 적절하다, 알맞다
靠	kào	동 기대다, 의지하다
达到	dádào	동 도달하다, 달성하다
效果	xiàoguǒ	명 효과
反而	fǎn'ér	男 오히려
适量	shìliàng	형 적당량이다, 적당하다
造成	zàochéng	동 야기하다
伤害	shānghài	동 해치다, 손상시키다, 상해하다
皮肤	pífū	명 피부
配	pèi	동 어울리다
适合	shìhé	동 적합하다, 알맞다, 잘 어울리다
显得	xiǎnde	동 ~하게 보이다, ~인 것처럼 보이다
减肥	jiǎnféi	동 다이어트하다, 살을 빼다

질문을 보고 대답하세요.

❶ 你对'节食减肥'有什么看法?
Nǐ duì 'jiéshí jiǎnféi' yǒu shénme kànfǎ?
당신은 '굶는 다이어트'에 대해 어떻게 생각하나요?

핵심 키워드로 브레인스토밍하기

도입 / 나의 의견 / 마무리 / 이유2 / 이유1

都试过 / 可以节食 / 适量 / 更健康 / 减肥效果

5개 필수 문장

5개의 필수 문장을 익혀 보세요.

1 运动减肥,吃药减肥,节食减肥,各种减肥方法我都试过。
Yùndòng jiǎnféi, chī yào jiǎnféi, jiéshí jiǎnféi, gè zhǒng jiǎnféi fāngfǎ wǒ dōu shìguo.
운동 다이어트, 다이어트 약, 굶는 다이어트 등 저는 각종 다이어트 방법을 다 시도해봤다.

2 很多人反对节食减肥,但是我觉得,适当地节食减肥是可以的。
Hěn duō rén fǎnduì jiéshí jiǎnféi, dànshì wǒ juéde, shìdàng de jiéshí jiǎnféi shì kěyǐ de.
많은 사람들이 굶는 다이어트를 반대하지만, 저는 적당한 식이 조절 다이어트는 괜찮다고 생각한다.

필수 패턴1

只靠……   ~만으로, ~에만 기대어

예시 只靠节食来减肥会伤身体。

굶는 방법으로만 다이어트를 하면 건강을 해칠 수 있다.

---

3 因为只靠运动很难达到减肥的效果，我觉得适当地节食对健康没有坏处。

Yīnwèi zhǐ kào yùndòng hěn nán dádào jiǎnféi de xiàoguǒ, wǒ juéde shìdàng de jiéshí duì jiànkāng méiyǒu huàichù.

운동만으로는 다이어트 효과를 보기 어렵기 때문에, 저는 적당한 식이요법은 건강에 나쁘지 않다고 생각한다.

필수 패턴2

反而……   오히려, 도리어

예시 爸爸退休后，反而更忙了。

아빠는 은퇴하시고, 오히려 더 바빠졌다.

---

4 如果减肥成功的话，反而会变得更健康。

Rúguǒ jiǎnféi chénggōng dehuà, fǎn'ér huì biànde gèng jiànkāng.

만약 다이어트에 성공하면, 오히려 더 건강해질 수 있다.

5 当然，节食不能什么都不吃，节食一定要适量。

Dāngrán, jiéshí bù néng shénme dōu bù chī, jiéshí yídìng yào shìliàng.

물론, 아무것도 먹지 않는 것은 당연히 안 되고, 음식을 줄이는 것은 반드시 적당히 해야 한다.

음원을 들으면서 모범 답변을 큰 소리로 따라 연습하세요.

> 运动减肥, 吃药减肥, 节食减肥, 各种减肥方法/我都试过。
> Yùndòng jiǎnféi, chī yào jiǎnféi, jiéshí jiǎnféi, gè zhǒng jiǎnféi fāngfǎ wǒ dōu shìguo.
>
> 很多人反对/节食减肥, 但是/我觉得, 虽然只靠节食/来减肥会/伤身体,
> Hěn duō rén fǎnduì jiéshí jiǎnféi, dànshì wǒ juéde, suīrán zhǐ kào jiéshí lái jiǎnféi huì shāng shēntǐ,
>
> 但是/一方面/多运动, 一方面/适当地节食减肥/是可以的。
> dànshì yì fāngmiàn duō yùndòng, yì fāngmiàn shìdàng de jiéshí jiǎnféi shì kěyǐ de.
>
> 因为/只靠运动/很难达到/减肥的效果,
> Yīnwèi zhǐ kào yùndòng hěn nán dádào jiǎnféi de xiàoguǒ,
>
> 我觉得/适当地节食/对健康没有坏处,
> wǒ juéde shìdàng de jiéshí duì jiànkāng méiyǒu huàichù,
>
> 如果/减肥成功的话, 反而会变得/更健康。
> rúguǒ jiǎnféi chénggōng dehuà, fǎn'ér huì biànde gèng jiànkāng.
>
> 当然, 节食/不能什么都/不吃, 如果吃得/太少了,
> Dāngrán, jiéshí bù néng shénme dōu bù chī, rúguǒ chī de tài shǎo le,
>
> 不但不能/让身体健康, 反而会对身体/造成伤害。
> búdàn bù néng ràng shēntǐ jiànkāng, fǎn'ér huì duì shēntǐ zàochéng shānghài.
>
> 所以, 节食/一定要适量。
> Suǒyǐ, jiéshí yídìng yào shìliàng.

해석   운동 다이어트, 다이어트 약, 굶는 다이어트 등 저는 각종 다이어트 방법을 다 시도해봤다. 많은 사람들이 굶는 다이어트를 반대하지만, 저는 오로지 굶는 방법으로만 다이어트를 한다면 건강을 해칠 수 있지만, 운동을 하면서 적당한 식이 조절 다이어트는 괜찮다고 생각한다. 왜냐하면 운동만으로는 다이어트 효과를 보기 어렵기 때문에, 저는 적당한 식이요법은 건강에 나쁘지 않다고 생각한다 만약 다이어트에 성공하면, 오히려 더 건강해질 수 있다. 물론, 아무것도 먹지 않는 것은 당연히 안 되고, 음식을 너무 적게 먹는다면, 건강해질 수 없을 뿐만 아니라, 오히려 건강을 해칠 수 있다. 그렇기 때문에 음식을 줄이는 것은 반드시 적당히 해야 한다.

나만의 DIY 답변

답변 템플릿을 참고하여 스스로 나만의 답변을 만들어 보세요.

你减过肥吗? 说说你的减肥经历。

Nǐ jiǎnguo féi ma? Shuōshuo nǐ de jiǎnféi jīnglì.

당신은 다이어트를 해본 적 있나요? 당신의 다이어트 경험에 대해 말해주세요.

답변 템플릿

도입	운동 다이어트, 다이어트 약, 굶는 다이어트 등 저는 각종 다이어트 방법을 다 해봤다.
전개	많은 사람들이 다이어트를 반대하지만, 저는 운동을 하면서 적당한 식이 조절 다이어트는 괜찮다고 생각한다. 왜냐하면 운동만으로는 다이어트 효과를 보기 어렵기 때문에, 저는 적당한 식이요법은 건강에 나쁘지 않다고 생각한다. 만약 다이어트에 성공하면, 오히려 더 건강해질 수 있다.
마무리	물론, 아무것도 먹지 않는 것은 당연히 안 되고, 음식을 줄이는 것은 반드시 적당히 해야 한다.

음원을 들으면서 빈칸을 채우고, 모범 답변을 큰 소리로 따라 연습하세요.

运动减肥, 吃药减肥, 节食减肥, 各种减肥方法/我都试过。很多人 ⬚⬚⬚, 因为 ⬚⬚⬚⬚⬚⬚。但是/我觉得, /一方面/ ⬚⬚⬚⬚⬚, 一方面/ ⬚⬚⬚⬚⬚⬚。因为/只靠 ⬚⬚⬚⬚⬚⬚, 我觉得/ ⬚⬚⬚⬚⬚, 如果/减肥成功的话, 反而会变得/更健康。当然, 节食/不能什么都/不吃, 如果吃得/太少了, 不但不能/让身体健康, 反而会对身体/造成伤害。所以, 节食/一定要适量。⬚⬚⬚⬚⬚⬚⬚⬚⬚⬚⬚⬚。

핵심 키워드: 减肥, 节食, 只靠, 达到, 效果, 适当, 适量, 有点儿, 决定

HSKK 중국어 말하기 시험	준비시간: 2분 30초, 답변시간: 2분

第三部分: 第13题，回答问题。

　　　Nǐ jīngcháng duànliàn shēntǐ ma?
13. 你经常锻炼身体吗? (2分钟)

나만의 답변 만들기

16 환경

빈출 질문

환경 관련 주제는 최근 빈출 주제로, 특히 환경 오염의 심각성이나 환경 보호에 대한 질문이 많이
출제된다.

① 환경 보호 관련 질문

在生活中，我们为了保护环境应该做些什么？

Zài shēnghuó zhōng, wǒmen wèile bǎohù huánjìng yīnggāi zuò xiē shénme?

생활 속에서 우리는 환경을 보호하기 위해 무엇을 해야 하나요?

② 환경 오염 관련 질문

你觉得导致环境污染的原因有哪些？

Nǐ juéde dǎozhì huánjìng wūrǎn de yuányīn yǒu nǎxiē?

당신은 환경오염의 원인이 무엇이라고 생각하나요?

필수 어휘

음원을 들으며 제시된 단어를 익혀 보세요.   MP3 16-1

단어	병음	뜻
保护	bǎohù	통 보호하다
环境	huánjìng	명 환경
责任	zérèn	명 책임
至少	zhìshǎo	부 적어도, 최소한
导致	dǎozhì	통 야기하다, 초래하다
污染	wūrǎn	통 오염시키다, 오염되다 명 오염
原因	yuányīn	명 원인

私家车	sījiā chē	명 자가용
尽量	jǐnliàng	부 가능한 한
利用	lìyòng	동 이용하다
节约	jiéyuē	동 절약하다
扔	rēng	동 버리다, 던지다
垃圾	lājī	명 쓰레기
分类	fēnlèi	동 분류하다
一次性	yícìxìng	명 일회용
塑料袋	sùliàodài	명 비닐봉지
越来越	yuè lái yuè	부 점점, 갈수록
严重	yánzhòng	형 심각하다, 심하다
关注	guānzhù	동 주목하다, 관심을 가지다 명 관심
汽车尾气	qìchē wěiqì	자동차 배기가스
大气污染	dàqì wūrǎn	명 대기 오염
废水	fèishuǐ	명 폐수
水质污染	shuǐzhì wūrǎn	명 수질 오염
循环	xúnhuán	동 순환하다 명 순환, 사이클
占用	zhànyòng	동 (남의 것을) 점용하다, 차지하다
土壤	tǔrǎng	명 토양
提醒	tíxǐng	동 상기시키다, 일깨우다

질문을 보고 대답하세요.

❶ 在生活中，我们为了保护环境应该做些什么？
Zài shēnghuó zhōng, wǒmen wèile bǎohù huánjìng yīnggāi zuò xiē shénme?
생활 속에서 우리는 환경을 보호하기 위해 무엇을 해야 하나요?

핵심 키워드로 브레인스토밍하기

5개 필수 문장

5개의 필수 문장을 익혀 보세요.

⊙→ 필수 패턴1

…… + 以下几点   다음 몇 가지를 ~하다

예시 我觉得导致环境污染的原因主要有以下几点。
저는 환경 오염을 야기하는 주요 원인은 다음 몇 가지가 있다고 생각한다.

1 保护环境是每个人的责任。为了保护环境，我觉得我们至少应该做到以下
几点。
Bǎohù huánjìng shì měi ge rén de zérèn. Wèile bǎohù huánjìng, wǒ juéde wǒmen
zhìshǎo yīnggāi zuòdào yǐxià jǐ diǎn.
환경을 보호하는 것은 모든 사람의 책임이다. 환경을 보호하기 위해, 최소한 다음 몇 가지는 해야 한
다고 생각한다.

2 首先，我们应该少开私家车，尽量利用大众交通工具。

Shǒuxiān, wǒmen yīnggāi shǎo kāi sījiā chē, jǐnliàng lìyòng dàzhòng jiāotōng gōngjù.

첫째, 우리는 자가용을 적게 운전하고, 가능한 한 대중교통을 이용해야 한다.

3 其次，我们应该节约用水，节约用电。

Qícì, wǒmen yīnggāi jiéyuē yòng shuǐ, jiéyuē yòng diàn.

그 다음으로, 우리는 물과 전기를 절약해야 한다.

4 最后，我们应该少用一次性餐具，少用塑料袋。

Zuìhòu, wǒmen yīnggāi shǎo yòng yícìxìng cānjù, shǎo yòng sùliàodài.

마지막으로, 우리는 일회용 식기와 비닐봉지를 적게 사용해야 한다.

⊙ 필수 패턴2

从……做起   ~부터 하기 시작하다

예시 保护环境要从我做起。

환경 보호는 나부터 하기 시작해야 한다.

---

5 总之，我们应该从身边的小事做起，好好保护环境。

Zǒngzhī, wǒmen yīnggāi cóng shēnbiān de xiǎo shì zuòqǐ, hǎohǎo bǎohù huánjìng.

요컨대, 우리는 반드시 주변의 작은 일부터 시작하여 환경을 잘 보호해야 한다.

음원을 들으면서 모범 답변을 큰 소리로 따라 연습하세요.

保护环境/是每个人的责任。
Bǎohù huánjìng shì měi ge rén de zérèn.

为了/保护环境，我觉得/我们至少应该做到/以下几点。
Wèile bǎohù huánjìng, wǒ juéde wǒmen zhìshǎo yīnggāi zuòdào yǐxià jǐ diǎn.

首先，我们应该/少开私家车，尽量利用/大众交通工具。
Shǒuxiān, wǒmen yīnggāi shǎo kāi sījiā chē, jǐnliàng lìyòng dàzhòng jiāotōng gōngjù.

其次，我们应该/节约用水，节约用电。
Qícì, wǒmen yīnggāi jiéyuē yòng shuǐ, jiéyuē yòng diàn.

再次，我们应该做到/不乱扔垃圾，而且/应该学会/垃圾分类。
Zàicì, wǒmen yīnggāi zuòdào bú luàn rēng lājī, érqiě yīnggāi xuéhuì lājī fēnlèi.

最后，我们应该/少用一次性餐具，少用塑料袋。
Zuìhòu, wǒmen yīnggāi shǎo yòng yícìxìng cānjù, shǎo yòng sùliàodài.

总之，现在环境污染的问题/越来越严重，
Zǒngzhī, xiànzài huánjìng wūrǎn de wèntí yuè lái yuè yánzhòng,

我们应该/从身边的小事/做起，好好保护环境。
wǒmen yīnggāi cóng shēnbiān de xiǎo shì zuòqǐ, hǎohǎo bǎohù huánjìng.

해석 환경을 보호하는 것은 모든 사람의 책임이다. 환경을 보호하기 위해, 최소한 다음 몇 가지는 해야 한다고 생각한다. 첫째, 우리는 자가용을 적게 운전하고, 가능한 한 대중교통을 이용해야 한다. 다음으로, 우리는 물과 전기를 절약해야 한다. 그 다음으로, 우리는 쓰레기를 함부로 버리지 말아야 한다. 게다가 분리수거 하는 것을 배워야 한다. 마지막으로, 우리는 일회용 식기와 비닐봉지를 적게 사용해야 한다. 요컨대, 지금 환경 오염 문제가 점점 더 심각해져서, 우리는 반드시 주변의 작은 일부터 시작하여 환경을 잘 보호해야 한다.

나만의 DIY 답변

답변 템플릿을 참고하여 스스로 나만의 답변을 만들어 보세요.

在生活中，为了保护环境你做过哪些努力？

Zài shēnghuó zhōng, wèile bǎohù huánjìng nǐ zuòguo nǎxiē nǔlì?

일상 생활에서 환경 보호를 위해 당신은 어떤 노력을 하셨나요?

답변 템플릿

도입	환경을 보호하는 것은 모든 사람의 책임이다. 환경을 보호하기 위해, 최소한 다음 몇 가지는 실천한다.
전개	첫째, ○○○한다. 다음으로, ○○○를 한다. 그 다음으로, ○○○를 하며 마지막으로 ○○○를 한다.
마무리	요컨대, 지금 환경 오염 문제가 점점 더 심각해져서, 우리는 반드시 주변의 작은 일부터 시작하여 환경을 잘 보호해야 한다.

음원을 들으면서 빈칸을 채우고, 모범 답변을 큰 소리로 따라 연습하세요.

保护环境/是每个人的责任。为了/保护环境，＿＿＿＿＿＿＿＿＿。＿＿＿＿＿＿＿＿/至少应该做到/以下几点。首先，＿＿＿＿＿＿＿。其次，＿＿＿＿＿＿＿＿。再次，＿＿＿＿＿＿＿。最后，＿＿＿＿＿＿＿。总之，现在环境污染的问题/越来越严重，我们应该/从身边的小事/做起，好好保护环境。

핵심 키워드: 一直 , 努力 , 提醒 , 至少 , 私家车 , 节约 , 一次性餐具 , 塑料袋

HSKK 중국어 말하기 시험

第三部分: 第13题，回答问题。

Nǐ juéde dǎozhì huánjìng wūrǎn de yuányīn yǒu nǎxiē?

13. 你觉得导致环境污染的原因有哪些？（2分钟）

나만의 답변 만들기

인물 소개

인물 관련 주제에는 주변 인물을 소개하거나 존경하는 인물을 소개하는 것과 관련된 질문이 많이 출제된다.

❶ 친구 소개 관련 질문

请介绍一个你的好朋友。
Qǐng jièshào yí ge nǐ de hǎo péngyou.
당신의 친한 친구를 한 명 소개해주세요.

❷ 존경하는 사람 관련 질문

请你介绍一下你最尊敬的人。
Qǐng nǐ jièshào yíxià nǐ zuì zūnjìng de rén.
당신이 가장 존경하는 사람을 소개해주세요.

음원을 들으며 제시된 단어를 익혀 보세요.　　 MP3 17-1

단어	병음	뜻
介绍	jièshào	⑧ 소개하다
优点	yōudiǎn	⑲ 장점
缺点	quēdiǎn	⑲ 단점
一大幸事	yí dà xìngshì	인생에 있어 큰 즐거움이다
认识	rènshi	⑧ 알다
开朗	kāilǎng	⑱ 활발하다, 명랑하다
值得	zhídé	⑧ ~할 만한 가치가 있다

尊敬	zūnjìng	통 존경하다
幽默	yōumò	형 유머러스하다
正能量	zhèngnéngliàng	명 긍정적인 에너지
记得	jìde	통 기억하다
解释	jiěshì	통 설명하다, 해석하다
中文系	Zhōngwén xì	명 중문학과
鼓励	gǔlì	통 격려하다 명 격려
支持	zhīchí	통 지지하다 명 지지

5개 핵심 키워드

질문을 보고 대답하세요.

❶ 请介绍一个你的好朋友。
Qǐng jièshào yí ge nǐ de hǎo péngyou.
당신의 친한 친구를 한 명 소개해주세요.

핵심 키워드로 브레인스토밍하기

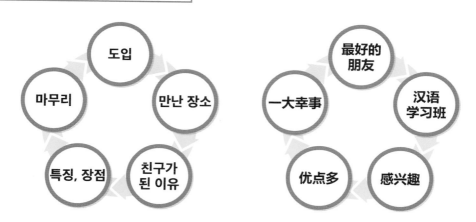

5개의 필수 문장을 익혀 보세요.

1 我想介绍一下我的朋友多恩。
Wǒ xiǎng jièshào yíxià wǒ de péngyou Duō'ēn.
저는 제 친구 다은이를 소개하고 싶다.

◎ **필수 패턴1**

是……认识的　　~알게 된 것이다

예시 我们是去年认识的。
우리는 작년에 알게 된 것이다.

---

2 多恩是我最好的朋友，我们是在汉语学习班认识的。
Duō'ēn shì wǒ zuì hǎo de péngyou, wǒmen shì zài Hànyǔ xuéxí bān rènshi de.
다은이는 제 가장 친한 친구인데, 우리는 중국어 학원에서 알게 된 것이다.

3 我们俩都对汉语很感兴趣，喜欢中国文化，所以很快就成了好朋友。
Wǒmen liǎ dōu duì Hànyǔ hěn gǎn xìngqù, xǐhuan Zhōngguó wénhuà, suǒyǐ hěn kuài jiù chéng le hǎo péngyou.
우리 둘 다 중국어에 관심이 많고, 중국 문화를 좋아하기 때문에, 곧 좋은 친구가 되었다.

4 多恩的优点很多，她性格开朗，学习认真，她对我的影响很大。
Duō'ēn de yōudiǎn hěn duō, tā xìnggé kāilǎng, xuéxí rènzhēn, tā duì wǒ de yǐngxiǎng hěn dà.
다은이는 장점이 많은데, 성격이 명랑하고, 공부를 열심히 하여, 저에게 큰 영향을 준다.

◎ **필수 패턴1**

……是我人生中的一大幸事　~는 제 인생의 가장 큰 행운이다

예시 跟她一起工作是我人生中的一大幸事。
그녀와 함께 일할 수 있는 것은 제 인생의 가장 큰 행운이다.

---

5 她身上有很多值得我学习的地方，我觉得认识她是我人生中的一大幸事。

Tā shēnshang yǒu hěn duō zhídé wǒ xuéxí de dìfang, wǒ juéde rènshi tā shì wǒ rénshēng zhōng de yí dà xìngshì.

그녀는 배울 점이 많은데, 저는 그녀를 알게 된 것이 제 인생의 큰 행운이라고 생각한다.

모범 답변 확인하기

음원을 들으면서 모범 답변을 큰 소리로 따라 연습하세요.

 MP3 17-2

我想介绍一下/我的朋友多恩。
Wǒ xiǎng jièshào yíxià wǒ de péngyou Duō'ēn.

多恩是/我最好的朋友，我们是/在汉语学习班/认识的。
Duō'ēn shì wǒ zuì hǎo de péngyou, wǒmen shì zài Hànyǔ xuéxí bān rènshi de.

我们俩/都对汉语/很感兴趣，喜欢中国文化，所以/很快就成了/好朋友。
Wǒmen liǎ dōu duì Hànyǔ hěn gǎn xìngqù, xǐhuan Zhōngguó wénhuà, suǒyǐ hěn kuài jiù chéng le hǎo péngyou.

我觉得/我能坚持学汉语/就是因为有多恩，
Wǒ juéde wǒ néng jiānchí xué Hànyǔ jiùshì yīnwèi yǒu Duō'ēn,

我们/互相鼓励，互相支持，所以/坚持到了现在。
wǒmen hùxiāng gǔlì, hùxiāng zhīchí, suǒyǐ jiānchídào le xiànzài.

多恩的优点很多，她性格开朗，学习认真，她对我的影响/很大。
Duō'ēn de yōudiǎn hěn duō, tā xìnggé kāilǎng, xuéxí rènzhēn, tā duì wǒ de yǐngxiǎng hěn dà.

她身上有/很多值得我/学习的地方，
Tā shēnshang yǒu hěn duō zhídé wǒ xuéxí de dìfang,

我觉得/认识她/是我人生中的一大幸事。
wǒ juéde rènshi tā shì wǒ rénshēng zhōng de yí dà xìngshì.

해석 저는 제 친구 다은이를 소개하고 싶다. 다은이는 제 가장 친한 친구인데, 우리는 중국어 학원에서 알게 되었다. 우리 둘 다 중국어에 관심이 많고, 중국 문화를 좋아하기 때문에, 빠르게 친한 친구가 되었다. 저는 제가 중국어를 꾸준히 공부할 수 있는 이유가 바로 다은이 덕분이라고 생각한다. 우리는 서로 격려하고, 서로 지지하여 지금까지 견지해왔다. 다은이는 장점이 많은데, 성격이 명랑하고, 공부를 열심히 하여, 저에게 큰 영향을 준다. 그녀는 배울 점이 많은데, 저는 그녀를 알게 된 것이 제 인생의 큰 행운이라고 생각한다.

나만의 DIY 답변

답변 템플릿을 참고하여 스스로 나만의 답변을 만들어 보세요.

介绍一个你的家人。

Jièshào yí ge nǐ de jiārén.

당신의 가족 한 명을 소개해 주세요.

답변 템플릿

도입	저는 ○○○를 소개하고 싶다. ○○○ 특징 간단하게 언급하기.
전개	우리 둘 다 ○○○에 관심이 많고, ○○○를 좋아하기 때문에, 사이가 특히 좋다. 제가 ○○○를 할 수 있는 이유는 바로 ○○○ 덕분이라고 생각한다. ○○○은 장점이 많은데 성격이 ○○○하고, 공부를 열심히 하여 저에게 큰 영향을 준다.
마무리	그녀는 배울 점이 많은데, 저는 그녀를 알게 된 것이 제 인생의 큰 행운이라고 생각한다.

음원을 들으면서 빈칸을 채우고, 모범 답변을 큰 소리로 따라 연습하세요.

我想介绍一下/＿＿＿＿＿。＿＿＿＿＿＿＿＿。我们俩/都对＿＿＿＿/很感兴趣，喜欢/＿＿＿＿，所以关系/特别好。我觉得/＿＿＿＿＿/就是因为＿＿＿＿＿＿，她总是/鼓励我，支持我，所以/我坚持到了/现在。＿＿＿＿的优点/很多，她性格＿＿＿＿，学习认真，她对我的影响/很大。她身上有/很多值得我/学习的地方，我觉得/＿＿＿＿＿＿/是我人生中的/一大幸事。

핵심 키워드: 姐姐, 中文系, 毕业, 关系, 鼓励, 支持, 坚持, 值得, 一大幸事

HSKK 중국어 말하기 시험

준비시간: 2분 30초, 답변시간: 2분

第三部分: 第13题，回答问题。

Qǐng nǐ jièshào yíxià nǐ zuì zūnjìng de rén.

13. 请你介绍一下你最尊敬的人。(2分钟)

나만의 답변 만들기

제3부분 ┃ 질문에 대답하기

빈출 질문

IT관련 주제에는 인터넷의 활용이나 장단점, 휴대 전화가 우리에게 미치는 영향 등과 같은 질문이
많이 출제된다.

❶ 휴대 전화 관련 질문

你觉得智能手机的优点更多还是缺点更多?

Nǐ juéde zhìnéng shǒujī de yōudiǎn gèng duō háishi quēdiǎn gèng duō?

당신은 스마트폰의 장점이 더 많다고 생각하나요 아니면 단점이 더 많다고 생각하나요?

❷ 인터넷 관련 질문

请说说 "互联网" 对现代生活有哪些影响?

Qǐng shuōshuo "hùliánwǎng" duì xiàndài shēnghuó yǒu nǎxiē yǐngxiǎng?

"인터넷"이 현대 생활에 어떤 영향을 미친다고 생각하나요?

필수 어휘

음원을 들으며 제시된 단어를 익혀 보세요.

단어	병음	뜻
智能手机	zhìnéng shǒujī	몡 스마트폰
互联网	hùliánwǎng	몡 인터넷
两面性	liǎngmiànxìng	몡 양면성, 이중성
付款	fùkuǎn	통 지불하다, 계산하다
控制	kòngzhì	통 제어하다, 억제하다, 조절하다
例外	lìwài	통 예외로 하다, 예외다(주로 부정문에 쓰임)
不言而喻	bùyán' éryù	솅 말하지 않아도 안다, 말할 필요도 없다

认为	rènwéi	통 ~라고 여기다, 생각하다
沟通	gōutōng	통 소통하다, 교류하다
视力	shìlì	명 시력
下降	xiàjiàng	통 떨어지다, 낮아지다
娱乐	yúlè	명 오락, 즐거움
随着	suízhe	~에 따라서, ~에 따라
科技	kējì	명 과학 기술
发展	fāzhǎn	통 발전하다 명 발전
信息	xìnxī	명 정보
随时随地	suí shí suí dì	언제 어디서나

질문을 보고 대답하세요.

① 你觉得智能手机的优点更多还是缺点更多?
Nǐ juéde zhìnéng shǒujī de yōudiǎn gèng duō háishi quēdiǎn gèng duō?
당신은 스마트폰의 장점이 더 많다고 생각하나요 아니면 단점이 더 많다고 생각하나요?

핵심 키워드로 브레인스토밍하기

5개 필수 문장

5개의 필수 문장을 익혀보세요.

-⊙- 필수 패턴1

A也不例外	A도 예외가 아니다, A도 마찬가지다

예시 谁都有缺点, 我也不例外。
누구든지 다 단점이 있다, 나도 마찬가지다.

1 任何东西都有两面性, 手机也不例外。智能手机有很多优点。
Rènhé dōngxi dōu yǒu liǎngmiànxìng, shǒujī yě bú lìwài. Zhìnéng shǒujī yǒu hěn duō yōudiǎn.
모든 것에는 양면성이 있는데, 휴대 전화도 예외는 아니다. 스마트폰에는 많은 장점이 있다.

2 我们可以用智能手机上网学习、买东西，还可以付款。

Wǒmen kěyǐ yòng zhìnéng shǒujī shàngwǎng xuéxí, mǎi dōngxi, hái kěyǐ fùkuǎn.

우리는 스마트폰으로 인터넷에서 공부를 하고, 물건을 사고, 결제도 할 수 있다.

⊙ **필수 패턴2**

……**是不言而喻的**   ~는 말하지 않아도 아는 것이다

예시 健康比财富重要，这是不言而喻的。

건강은 재물보다 중요하다, 이는 말하지 않아도 아는 것이다.

---

3 智能手机给我们带来了很大的方便，它的优点是不言而喻的。

Zhìnéng shǒujī gěi wǒmen dàilái le hěn dà de fāngbiàn, tā de yōudiǎn shì bùyán'éryù de.

스마트폰은 우리에게 많은 편리함을 가져다 주었는데, 그 장점은 말하지 않아도 다 아는 것이다.

4 智能手机最大的缺点就是占用了我们很多的时间，但这其实不是手机的问题。

Zhìnéng shǒujī zuì dà de quēdiǎn jiùshì zhànyòng le wǒmen hěn duō de shíjiān, dàn zhè qíshí bú shì shǒujī de wèntí.

스마트폰의 가장 큰 단점은 바로 우리의 시간을 많이 차지한다는 것인데, 사실 이는 휴대 전화의 문제는 아니다.

5 只要我们能控制自己玩儿手机的时间，我认为智能手机的优点还是比缺点多。

Zhǐyào wǒmen néng kòngzhì zìjǐ wánr shǒujī de shíjiān, wǒ rènwéi zhìnéng shǒujī de yōudiǎn háishi bǐ quēdiǎn duō.

우리가 휴대 전화를 하는 시간을 조절할 수 있다면, 저는 스마트폰은 단점보다 장점이 더 많다고 생각한다.

음원을 들으면서 모범 답변을 큰 소리로 따라 연습하세요.

任何东西/都有两面性，手机/也不例外。
Rènhé dōngxi dōu yǒu liǎngmiànxìng, shǒujī yě bú lìwài.

智能手机/有很多优点，我们可以/用智能手机/上网学习、买东西、还可以
/付款。
Zhìnéng shǒujī yǒu hěn duō yōudiǎn, wǒmen kěyǐ yòng zhìnéng shǒujī shàngwǎng xuéxí, mǎi dōngxi, hái kěyǐ fùkuǎn.

智能手机/给我们带来了/很大的方便，它的优点/是不言而喻的。
Zhìnéng shǒujī gěi wǒmen dàilái le hěn dà de fāngbiàn, tā de yōudiǎn shì bùyán'éryù de.

智能手机/最大的缺点就是/占用了我们很多的时间，
Zhìnéng shǒujī zuì dà de quēdiǎn jiùshì zhànyòng le wǒmen hěn duō de shíjiān,

有了/智能手机以后，人与人的沟通/越来越少了。
yǒu le zhìnéng shǒujī yǐhòu, rén yǔ rén de gōutōng yuè lái yuè shǎo le.

但/这其实不是/手机的问题，而是/我们不能控制/自己的问题。
Dàn zhè qíshí bú shì shǒujī de wèntí, érshì wǒmen bù néng kòngzhì zìjǐ de wèntí.

只要/我们能控制/自己玩儿手机的时间，
Zhǐyào wǒmen néng kòngzhì zìjǐ wánr shǒujī de shíjiān,

我认为/智能手机的优点/还是比缺点多。
wǒ rènwéi zhìnéng shǒujī de yōudiǎn háishi bǐ quēdiǎn duō.

해석 모든 것에는 양면성이 있는데, 휴대 전화도 예외는 아니다. 스마트폰에는 많은 장점이 있다. 우리는 스마트폰으로 인터넷에서 공부를 하고, 물건을 사고, 결제도 할 수 있다. 스마트폰은 우리에게 많은 편리함을 가져다 주었는데, 그 장점은 말하지 않아도 다 아는 것이다. 스마트폰의 가장 큰 단점은 바로 우리의 시간을 많이 차지한다는 것인데, 스마트폰이 나오고 난 후 사람과 사람 사이의 소통이 점점 줄어들었다. 그러나 사실 이는 휴대 전화의 문제는 아니라, 우리가 스스로를 자제시키지 못해서 발생한 문제이다. 우리가 휴대 전화를 하는 시간을 조절할 수 있다면, 저는 스마트폰은 단점보다 장점이 더 많다고 생각한다.

나만의 DIY 답변

답변 템플릿을 참고하여 스스로 나만의 답변을 만들어 보세요.

你觉得智能手机对你有哪些影响?

Nǐ juéde zhìnéng shǒujī duì nǐ yǒu nǎxiē yǐngxiǎng?

당신은 스마트폰이 당신에게 어떤 영향을 주었다고 생각하나요?

답변 템플릿

도입	모든 것에는 양면성이 있는데, 휴대 전화도 예외는 아니다. 스마트폰은 저에게 좋은 영향을 주기도 하고 나쁜 영향을 주기도 한다.
전개	스마트폰의 좋은 영향은 ○○○이다. 스마트폰은 우리에게 많은 편리함을 가져다 주었는데, 그 장점은 말하지 않아도 다 아는 것이다. 나쁜 영향은 바로 ○○○이다. 그러나 사실 이는 휴대 전화의 문제는 아니라, 우리가 스스로를 자제시키지 못해서 발생한 문제이다.
마무리	우리가 휴대 전화를 하는 시간을 조절할 수 있다면, 저는 스마트폰은 단점보다 장점이 더 많다고 생각한다.

음원을 들으면서 빈칸을 채우고, 모범 답변을 큰 소리로 따라 연습하세요.

任何东西/都有两面性，手机/也不例外。智能手机/_____。

好的影响是，我可以/用智能手机/_____。

智能手机/给我带来了/很大的方便，它的优点/是不言而喻的。坏的影响

/_____，有了/智能手机以后，_____的

沟通/越来越少了。但/这其实不是/手机的问题，而是/_____。

只要/_____，我认为/智能手机的好处/还是比坏处多。

핵심 키워드: 两面性 , 好 , 坏 , 影响 , 占用 , 时间 , 家人 , 沟通

HSKK 중국어 말하기 시험

第三部分: 第13题, 回答问题。

Qǐng shuōshuo "hùliánwǎng" duì xiàndài shēnghuó yǒu nǎxiē yǐngxiǎng?

13. 请说说"互联网"对现代生活有哪些影响? (2分钟)

나만의 답변 만들기

19 중국, 여행

빈출 질문

HSKK에서는 중국의 문화나 중국 여행 경험에 관련된 질문도 종종 출제되기 때문에, 중국의 지명이나 문화를 미리 알아두는 것이 좋다.

❶ 중국 여행 관련 질문

你想去中国的哪个地方旅游?
Nǐ xiǎng qù Zhōngguó de nǎge dìfang lǚyóu?
당신은 중국의 어느 지역으로 여행 가고 싶은가요?

❷ 여행 경험 관련 질문

请介绍一个你最难忘的旅游经历。
Qǐng jièshào yí ge nǐ zuì nánwàng de lǚyóu jīnglì.
당신의 가장 잊을 수 없는 여행 경험을 소개해주세요.

필수 어휘

음원을 들으며 제시된 단어를 익혀보세요.　🎧 MP3 19-1

단어	병음	뜻
首都	shǒudū	명 수도
长城	Chángchéng	고유 만리장성
故宫	Gùgōng	고유 고궁
期待	qīdài	동 기대하다
名胜古迹	míngshèng gǔjì	명 명승고적
景点	jǐngdiǎn	명 여행 명소, 여행지
象征	xiàngzhēng	명 상징

建筑	jiànzhù	뗑 건축
奇迹	qíjì	뗑 기적
宫殿	gōngdiàn	뗑 궁전
完整	wánzhěng	뼹 온전하다, 제대로 갖추어져 있다, 완정하다
鸟巢	Niǎocháo	교유 냐오차오(베이징 올림픽 주 경기장)
奥运会	Àoyùnhuì	뗑 올림픽
地标	dìbiāo	뗑 랜드마크
小吃街	xiǎochī jiē	먹자골목
突然	tūrán	뿐 갑자기
行程	xíngchéng	뗑 여행 일정
负责	fùzé	뚱 책임지다
外滩	Wàitān	교유 와이탄(상하이의 지명)
成就感	chéngjiùgǎn	뗑 성취감
计划	jìhuà	뗑 계획 뚱 계획하다

질문을 보고 대답하세요.

① 你想去中国的哪个地方旅游?
Nǐ xiǎng qù Zhōngguó de nǎge dìfāng lǚyóu?
당신은 중국의 어느 지역으로 여행 가고 싶은가요?

핵심 키워드로 브레인스토밍하기

5개 필수 문장

5개의 필수 문장을 익혀 보세요.

⊙→ 필수 패턴1

值得一V   한번 ~할 만하다, 한번 ~할 만한 가치가 있다

예시 王老师的讲座值得一听。
왕 선생님의 강의는 한번 들을 만한 가치가 있다.

1 中国有很多值得一去的地方，但是我最想去的地方还是北京。
Zhōngguó yǒu hěn duō zhídé yí qù de dìfang, dànshì wǒ zuì xiǎng qù de dìfang háishi Běijīng.
중국에는 가볼 만한 곳이 많지만, 제가 가장 가고 싶은 곳은 베이징이다.

2 因为北京是中国的首都，有很多名胜古迹 。
Yīnwèi Běijīng shì Zhōngguó de shǒudū, yǒu hěn duō míngshèng gǔjì.
왜냐하면 베이징은 중국의 수도이고, 많은 명승고적이 있기 때문이다.

3 如果有机会去北京旅游的话，第一，我要去长城看看。因为它是中国的象征。
Rúguǒ yǒu jīhuì qù Běijīng lǚyóu dehuà, dì yī, wǒ yào qù Chángchéng kànkan,
yīnwèi tā shì Zhōngguó de xiàngzhēng.
만약 베이징으로 여행 갈 기회가 있다면, 저는 첫번째로 만리장성에 갈 것이다. 그것은 중국의 상징
이기 때문이다.

4 第二, 我要去故宫看看，因为我听说北京的故宫是中国最大最完整的宫殿 。
Dì'èr, wǒ yào qù Gùgōng kànkan, yīnwèi wǒ tīngshuō Běijīng de Gùgōng shì
Zhōngguó zuì dà zuì wánzhěng de gōngdiàn.
두번째로, 저는 고궁에 갈 것이다. 왜냐하면 저는 베이징 고궁은 중국에서 가장 크고 완전한 궁전이
라고 들었다.

⊙ 필수 패턴2

V着V着	V하다 보니

예시 走着走着，我突然发现了一个公园。
걷다 보니, 나는 갑자기 공원 하나를 발견했다.

---

5 说着说着，我的心已经飞到北京去了，好期待我的北京之旅啊。
Shuōzhe shuōzhe, wǒ de xīn yǐjīng fēidào Běijīng qù le, hǎo qīdài wǒ de Běijīng zhī
lǚ a.
말을 하다 보니 제 마음은 이미 베이징으로 날아갔다. 저는 제 베이징 여행이 정말 기대된다.

모범 답변 확인하기

음원을 들으면서 모범 답변을 큰 소리로 따라 연습하세요. 🎧 MP3 19-2

中国有/很多值得一去的/地方，但是/我最想去的地方/还是北京。
Zhōngguó yǒu hěn duō zhídé yí qù de dìfang, dànshì wǒ zuì xiǎng qù de dìfang háishi Běijīng.

因为北京是/中国的首都，有很多/名胜古迹，也有很多/现代的旅游景点。
Yīnwèi Běijīng shì Zhōngguó de shǒudū, yǒu hěn duō míngshèng gǔjì, yě yǒu hěn duō xiàndài de lǚyóu jǐngdiǎn.

如果有机会/去北京旅游的话，第一，我要去长城/看看，
Rúguǒ yǒu jīhuì qù Běijīng lǚyóu dehuà, dì yī, wǒ yào qù Chángchéng kànkan,

因为它是/中国的象征，也是/世界建筑的奇迹。
yīnwèi tā shì Zhōngguó de xiàngzhēng, yěshì shìjiè jiànzhù de qíjì.

第二，我要去故宫/看看，因为我听说/北京的故宫是/中国最大最完整的宫殿。
Dì'èr, wǒ yào qù Gùgōng kànkan, yīnwèi wǒ tīngshuō Běijīng de Gùgōng shì Zhōngguó zuì dà zuì wánzhěng de gōngdiàn.

第三，我想去鸟巢/看看，鸟巢是/ 2008北京奥运会的/主体育场，它是北京的新地标。
Dì sān, wǒ xiǎng qù Niǎocháo kànkan, Niǎocháo shì 2008 Běijīng Àoyùnhuì de zhǔ tǐyùchǎng, tā shì Běijīng de xīn dìbiāo.

最后，我要去王府井小吃街/尝尝中国的小吃。
Zuìhòu, wǒ yào qù Wángfǔjǐng xiǎochī jiē chángchang Zhōngguó de xiǎochī.

说着说着，我的心/已经飞到/北京去了，好期待/我的北京之旅啊。
Shuōzhe shuōzhe, wǒ de xīn yǐjīng fēidào Běijīng qù le, hǎo qīdài wǒ de Běijīng zhī lǚ a.

해석 중국에는 가볼 만한 곳이 많지만, 제가 가장 가고 싶은 곳은 베이징이다. 왜냐하면 베이징은 중국의 수도이고, 많은 명승고적이 있고, 현대의 여행 명소도 많이 있기 때문이다. 만약 베이징으로 여행 갈 기회가 있다면, 저는 첫번째로 만리장성에 갈 것이다. 그것은 중국의 상징이기도 하고, 세계 건축의 기적이기도 하기 때문이다. 두번째로, 저는 고궁에 갈 것이다. 왜냐하면 저는 베이징 고궁은 중국에서 가장 크고 완전한 궁전이라고 들었기 때문이다. 세번째로 저는 냐오차오에 가볼 것이다. 냐오차오는 2008년 베이징 올림픽의 주체육관으로, 베이징의 새로운 랜드마크이다. 마지막으로 저는 왕푸징 먹자골목에 가서 중국의 길거리 음식을 맛볼 것이다. 말을 하다 보니 제 마음은 이미 베이징으로 날아갔다. 저는 제 베이징 여행이 정말 기대된다.

나만의 DIY 답변

답변 템플릿을 참고하여 스스로 나만의 답변을 만들어 보세요.

介绍一下你今年的旅游计划。

Jièshào yíxià nǐ jīnnián de lǚyóu jìhuà.

당신의 올해 여행 계획에 대해 소개해주세요.

답변 템플릿

도입	세계에는 가볼 만한 곳이 많지만, 제가 가장 가고 싶은 곳은 〇〇〇이다. 왜냐하면 〇〇〇 때문에, 저는 올해 〇〇〇로 여행 갈 계획이다.
전개	저는 첫번째로 〇〇〇에 갈 것이다. 그것은 〇〇〇이기 때문이다. 두번째로, 저는 〇〇〇에 갈 것이다. 왜냐하면 〇〇〇이기 때문이다. 마지막으로 저는 〇〇〇 가서 〇〇〇를 할 것이다.
마무리	말을 하다 보니 제 마음은 이미 〇〇〇으로 날아갔다. 저는 제 〇〇〇여행이 정말 기대된다.

음원을 들으면서 빈칸을 채우고, 모범 답변을 큰 소리로 따라 연습하세요.

有/很多值得一去的/地方, 但是/我最想去的地方/还是   。
因为/   , 而且   ,
所以/我今年打算/去   旅游。如果有机会/去   旅游的话,
第一, 我要去   /看看, 因为它是/中国的象征, 也是/世界建筑的奇
迹。第二, 我要去   /看看, 因为我听说/北京的故宫是/中国最大最
完整的宫殿。最后, 我要去   。说着说着, 我的
心/已经飞到/   去了, 好期待/我的   啊。

핵심 키워드: 世界 , 值得 , 文化 , 首都 , 打算 , 长城 , 故宫 , 王府井 , 尝尝

HSKK 중국어 말하기 시험

第三部分: 第13题, 回答问题。

Qǐng jièshào yí ge nǐ zuì nánwàng de lǚyóu jīnglì.

13. 请介绍一个你最难忘的旅游经历。(2分钟)

나만의 답변 만들기

20 가치관, 견해

양자 택일의 선택과 관련된 문제에서 개인적인 견해를 물어보거나 가치관과 관련된 문제도 종종 출제된다.

① 개인 견해 관련 질문

你觉得找工作时，钱更重要还是兴趣更重要?

Nǐ juéde zhǎo gōngzuò shí, qián gèng zhòngyào háishi xìngqù gèng zhòngyào?

당신은 직업을 선택할 때, 돈이 중요한가요? 아니면 좋아하는 것이 더 중요한가요?

② 가치관 관련 질문

你什么时候觉得最幸福?

Nǐ shénme shíhou juéde zuì xìngfú?

당신은 언제 가장 행복하다고 느끼나요?

필수 어휘   MP3 20-1

음원을 들으며 제시된 단어를 익혀 보세요.

단어	병음	뜻
幸福	xìngfú	몡 행복 혱 행복하다
实现	shíxiàn	동 실현하다, 이루다
目标	mùbiāo	몡 목표
感恩	gǎn'ēn	동 은혜에 감사하다
人各有志	rén gè yǒu zhì	성 사람마다 자신의 생각이 있다, 사람은 각자 따로 뜻하는 바가 있다.
俗话	súhuà	몡 속담

价值观	jiàzhíguān	몡 가치관
稳定	wěndìng	혱 안정적이다, 변동이 없다
宁可	nìngkě	젭 차라리, ~할 지 언정
赚钱	zhuànqián	동 돈을 벌다
相反	xiāngfǎn	동 상반되다
前途	qiántú	몡 전망, 비전
工资	gōngzī	몡 월급, 임금
追求	zhuīqiú	동 추구하다

5개 핵심 키워드

질문을 보고 대답하세요.

❶ 你觉得找工作时，钱更重要还是兴趣更重要?
Nǐ juéde zhǎo gōngzuò shí, qián gèng zhòngyào háishi xìngqù gèng zhòngyào?
당신이 직업을 선택할 때, 돈이 중요한가요? 아니면 좋아하는 것이 더 중요한가요?

핵심 키워드로 브레인스토밍하기

5개의 필수 문장을 익혀 보세요.

필수 패턴1

俗话说……　　　속담에 의하면~, ~라는 말이 있다

예시 俗话说: "有志者事竟成"。

속담에 따르면, "뜻만 있으면 일은 반드시 성취된다"라는 말이 있다.

1 俗话说: "人各有志", 每个人的价值观都不同。

Súhuà shuō: "rén gè yǒu zhì", měi ge rén de jiàzhíguān dōu bùtóng.

"사람은 각자의 뜻이 있다"는 말이 있듯이, 사람마다 모두 가치관이 다르다.

2 找工作时, 有人想找钱多的工作, 有人想找自己感兴趣的工作, 还有人想找稳定的工作。

Zhǎo gōngzuò shí, yǒu rén xiǎng zhǎo qián duō de gōngzuò, yǒu rén xiǎng zhǎo zìjǐ gǎn xìngqù de gōngzuò, hái yǒu rén xiǎng zhǎo wěndìng de gōng zuò.

취업을 할 때, 어떤 사람은 돈을 많이 주는 것을, 어떤 사람은 좋아하는 것을, 또 어떤 사람은 안정적인 것을 원한다.

필수 패턴2

宁可A, 也B　　　A를 할지 언정, 차라리 B를 하겠다

예시 我宁可不吃饭, 也要把作业写完。

나는 밥을 안 먹을지 언정, 차라리 숙제를 다 할 것이다.

3 对我来说，我觉得找工作时兴趣更重要。我 宁可 少赚一点钱，也 想做我喜欢的工作。

Duì wǒ lái shuō, wǒ juéde zhǎo gōngzuò shí xìngqù gèng zhòngyào. Wǒ nìngkě shǎo zhuàn yìdiǎn qián, yě xiǎng zuò wǒ xǐhuan de gōngzuò.

저는 취업할 때, 좋아하는 것이 더 중요하다고 생각한다. 저는 돈을 조금 덜 벌지 언정, 제가 좋아하는 일을 하고 싶다.

4 相反，如果做我不喜欢的工作的话，即使赚很多钱，我觉得我也坚持不下去。

Xiāngfǎn, rúguǒ zuò wǒ bù xǐhuan de gōngzuò dehuà, jíshǐ zhuàn hěn duō qián, wǒ juéde wǒ yě jiānchí bú xiàqu.

반대로, 만약 제가 좋아하지 않는 일을 한다면, 설령 돈을 많이 벌어도 버티기 힘들 것 같다.

5 总之，跟金钱相比，我是一个更重视兴趣的人。

Zǒngzhī, gēn jīnqián xiāngbǐ, wǒ shì yí ge gèng zhòngshì xìngqù de rén.

아무튼, 저는 돈보다는 좋아하는 것을 더 중요하게 생각하는 사람이다.

음원을 들으면서 모범 답변을 큰 소리로 따라 연습하세요.

 MP3 20-2

俗话说:"人各有志", 每个人的价值观/都不同,
Súhuà shuō: "rén gè yǒu zhì", měi ge rén de jiàzhíguān dōu bùtóng,

所以找工作时, 有人想找/钱多的工作,
suǒyǐ zhǎo gōngzuò shí, yǒu rén xiǎng zhǎo qián duō de gōngzuò,

有人想找/自己感兴趣的/工作, 还有人想找/稳定的工作。
yǒu rén xiǎng zhǎo zìjǐ gǎn xìngqù de gōngzuò, hái yǒu rén xiǎng zhǎo wěndìng de gōng zuò.

对我来说, 我觉得/找工作时/兴趣更重要。
Duì wǒ lái shuō, wǒ juéde zhǎo gōngzuò shí xìngqù gèng zhòngyào.

我宁可/少赚一点钱, 也想做/我喜欢的工作。
Wǒ nìngkě shǎo zhuàn yìdiǎn qián, yě xiǎng zuò wǒ xǐhuan de gōngzuò.

相反, 如果/做我不喜欢的/工作的话,
Xiāngfǎn, rúguǒ zuò wǒ bù xǐhuan de gōngzuò dehuà,

即使/赚很多钱, 我觉得/我也坚持不下去。
jíshǐ zhuàn hěn duō qián, wǒ juéde wǒ yě jiānchí bú xiàqu.

总之, 跟金钱相比, 我是一个/更重视兴趣的人。
Zǒngzhī, gēn jīnqián xiāngbǐ, wǒ shì yí ge gèng zhòngshì xìngqù de rén.

我认为/只要找到自己喜欢的工作/好好儿干的话, 什么工作/都是有前途的。
Wǒ rènwéi zhǐyào zhǎodào zìjǐ xǐhuan de gōngzuò hǎohāor gàn dehuà, shénme gōngzuò dōu shì yǒu qiántú de.

해석 "사람은 각자의 뜻이 있다"는 말이 있듯이, 사람마다 모두 가치관이 다르다. 그래서 취업을 할 때, 어떤 사람은 돈을 많이 주는 것을, 어떤 사람은 좋아하는 것을, 또 어떤 사람은 안정적인 것을 원한다. 저는 취업할 때, 좋아하는 것이 더 중요하다고 생각한다. 저는 돈을 조금 덜 벌지 언정, 제가 좋아하는 일을 하고 싶다. 반대로, 만약 제가 좋아하지 않는 일을 한다면, 설령 돈을 많이 벌어도 버티기 힘들 것 같다. 아무튼, 저는 돈보다는 좋아하는 것을 더 중요하게 생각하는 사람이다. 저는 자신이 좋아하는 일을 찾아서 꾸준히 잘 한다면, 어떤 일이던지 비전이 있다고 생각한다.

나만의 DIY 답변

답변 템플릿을 참고하여 스스로 나만의 답변을 만들어 보세요.

你觉得找工作时，钱更重要还是兴趣更重要？

Nǐ juéde zhǎo gōngzuò shí, qián gèng zhòngyào háishi xìngqù gèng zhòngyào?

당신이 직업을 선택할 때, 돈이 중요한가요? 아니면 좋아하는 것이 더 중요한가요?

답변 템플릿

도입	"사람은 각자의 뜻이 있다"는 말이 있듯이, 사람마다 모두 가치관이 다르다. 그래서 취업을 할 때, 어떤 사람은 돈을 많이 주는 것을, 어떤 사람은 좋아하는 것을, 또 어떤 사람은 안정적인 것을 원한다.
전개	저는 취업할 때, ○○○이 더 중요하다고 생각한다. 설령 ○○○ 하더라도, ○○○ 하기만 한다면, 저는 ○○○라고 생각한다. 반대로, 만약 ○○○ 한다면, ○○○할 것 같다.
마무리	아무튼, 저는 ○○○보다는 ○○○하는 것을 더 중요하게 생각하는 사람이다.

음원을 들으면서 빈칸을 채우고, 모범 답변을 큰 소리로 따라 연습하세요. MP3 20-3

俗话说："人各有志"，每个人的价值观/都不同，找工作时，有人想找/钱多的工作，有人想找/自己感兴趣的/工作，还有人想找/稳定的工作。对我来说，我觉得/找工作时/　　　　　　更重要。即使是/　　　　　　，只要　　　　　　的话，我觉得/　　　　　　。相反，如果/　　　　　　，但是/　　　　　　的话，　　　　　　。我觉得/不能　　　　　　/而　　　　　　。总之，我认为/　　　　　　。

핵심 키워드: 工资，稳定，家人，肯定，坚持，低，担心，追求，理想，考虑

HSKK 중국어 말하기 시험	준비시간: 2분 30초, 답변시간: 2분

第三部分: 第13题，回答问题。

Nǐ shénme shíhou juéde zuì xìngfú?

13. 你什么时候觉得最幸福？（2分钟）

나만의 답변 만들기

실전
모의고사

新汉语水平考试

HSK 口试（中级）

模拟考试

注　意

一、HSK 口试（中级）分三部分：

　　1. 听后重复（10 题，3 分钟）

　　2. 看图说话（2 题，4 分钟）

　　3. 回答问题（2 题，4 分钟）

二、全部考试约 21 分钟（含准备时间 10 分钟）。

第一部分

第 1-10 题：听后重复

第二部分

第 11-12 题：看图说话
11.（2 分钟）

12.（2 分钟）

第三部分

第 13-14 题：回答问题

Nǐ zuì xǐhuan nǎge jìjié? Wèi shéme?
13. 你最喜欢哪个季节?为什么?(2分钟)

Jièshào yí ge duì nǐ yǐngxiǎng zuì dà de rén.
14. 介绍一个对你影响最大的人。(2分钟)

新汉语水平考试

HSK 口试（中级）

模拟考试

注　意

一、HSK 口试（中级）分三部分：

   1. 听后重复（10 题，3 分钟）

   2. 看图说话（2 题，4 分钟）

   3. 回答问题（2 题，4 分钟）

二、全部考试约 21 分钟（含准备时间 10 分钟）。

第一部分

第 1-10 题：听后重复

第二部分

第 11-12 题：看图说话

11.（2 分钟）

12.（2 分钟）

第三部分

第 13-14 题：回答问题

Nǐ zài shēnghuó huò gōngzuò zhōng yùdào yālì shí, huì rúhé huǎnjiě?
13. 你在生活或工作中遇到压力时，会如何缓解?(2分钟)

Suízhe wǎngluò de fāzhǎn, rénmen zhījiān de jùlí biànjìn le háishì biànyuǎn le?
Qǐng tántan nǐ de yìjiàn.
14. 随着网络的发展，人们之间的距离变近了还是变远了? 请谈谈你的意见。(2分钟)

모범 답안 및 해설서

실전 테스트 실전 모의고사

01 상황이나 상태 관련 문장

📖 본문 p.25

🎧 듣기 대본

1. 那只小猫非常可爱。
2. 他跑步跑得非常快。
3. 朋友之间应该互相帮助。
4. 这是一本关于中国历史的书。
5. 冰箱里没有饮料。

해석 및 풀이

1 那只小猫/非常可爱。　그 고양이는 매우 귀엽다.
Nà zhī xiǎo māo fēicháng kě'ài.

2 他跑步/跑得/非常快。　그는 매우 빨리 달린다.
Tā pǎobù pǎo de fēicháng kuài.

3 朋友之间/应该互相帮助。　친구 사이는 서로 도와야 한다.
Péngyou zhījiān yīnggāi hùxiāng bāngzhù.

4 这是/一本关于/中国历史的书。　이것은 중국 역사에 관한 책이다.
Zhè shì yì běn guānyú Zhōngguó lìshǐ de shū.

5 冰箱里/没有饮料。　냉장고 안에 음료수가 없다.
Bīngxiāng li méiyǒu yǐnliào.

02 여러 가지 특수구문

본문 p.31

🎧 듣기 대본

1. 我每天骑自行车去学校。
2. 桌子上放着一本英语词典。
3. 过程比结果更重要。
4. 弟弟把衣服弄得很脏。
5. 那个消息让我很难过。

해석 및 풀이

1　我每天骑自行车/去学校。　나는 매일 자전거 타고 학교에 간다.
　　Wǒ měi tiān qí zìxíngchē qù xuéxiào.

2　桌子上/放着/一本英语词典。　책상 위에 영어사전 한 권이 놓여있다.
　　Zhuōzi shang fàngzhe yì běn Yīngyǔ cídiǎn.

3　过程/比结果更重要。　과정은 결과보다 중요하다.
　　Guòchéng bǐ jiéguǒ gèng zhòngyào.

4　弟弟把衣服/弄得很脏。　남동생은 옷을 더럽혔다.
　　Dìdi bǎ yīfu nòng de hěn zāng.

5　那个消息/让我/很难过。　그 소식은 나를 슬프게 했다.
　　Nàge xiāoxi ràng wǒ hěn nánguò.

부탁, 금지, 요청 관련 문장　📖 본문 p.37

🎧 **듣기 대본**

1. 请帮我开一下门。
2. 先生，这里禁止停车。
3. 你千万别再这么粗心了。
4. 我们一起去旅游吧。
5. 你咳嗽还没好，不应该吃辣的。

해석 및 풀이

1　请帮我/开一下门。　문 좀 열어주세요.
Qǐng bāng wǒ kāi yíxià mén.

2　先生，这里禁止/停车。　선생님, 이 곳은 주차 금지입니다.
Xiānsheng, zhèli jìnzhǐ tíngchē.

3　你千万别再/这么粗心了。　절대로 다시는 이렇게 대충대충 하지 마세요.
Nǐ qiānwàn bié zài zhème cūxīn le.

4　我们一起/去旅游吧。　우리 같이 여행 가자.
Wǒmen yìqǐ qù lǚyóu ba.

5　你咳嗽/还没好，不应该/吃辣的。
Nǐ késou hái méi hǎo, bù yīnggāi chī là de.
너 기침이 아직 다 낫지 않았으니, 매운 것 먹으면 안돼.

04 감정 표현 관련 문장

📖 본문 p.43

🎧 듣기 대본

1. 我对打篮球不感兴趣。
2. 我特别喜欢和你逛街。
3. 感谢大家对我的支持。
4. 大家都感动得哭了。
5. 比赛结果让大家很吃惊。

해석 및 풀이

1 我对打篮球/不感兴趣。　나는 농구에 관심이 없다.
Wǒ duì dǎ lánqiú bù gǎn xìngqù.

2 我特别喜欢/和你逛街。　나는 너랑 쇼핑하는 것을 특히 좋아한다.
Wǒ tèbié xǐhuan hé nǐ guàng jiē.

3 感谢大家/对我的支持。　저에 대한 여러분의 응원에 감사드립니다.
Gǎnxiè dàjiā duì wǒ de zhīchí.

4 大家都/感动得哭了。　사람들은 감동해서 울었다.
Dàjiā dōu gǎndòng de kū le.

5 比赛结果/让大家很吃惊。　시합 결과는 사람들을 놀라게 했다.
Bǐsài jiéguǒ ràng dàjiā hěn chījīng.

빈출 의문문과 복문

📖 본문 p.51

🎧 **듣기 대본**

1. 您好，请问您贵姓？
2. 苹果多少钱一斤？
3. 你打算去爬山还是踢足球？
4. 既然来了，就多玩儿一会儿吧。
5. 只要坚持练习，口语考试就一定能合格。

해석 및 풀이

1 您好，请问/您贵姓？　안녕하세요, 실례지만 성함이 어떻게 되세요?
Nín hǎo, Qǐng wèn nín guìxìng?

2 苹果/多少钱一斤？　사과 한 근에 얼마인가요?
Píngguǒ duōshao qián yì jīn?

3 你打算去爬山/还是踢足球？　너는 등산 갈 거야 아니면 축구할 거야?
Nǐ dǎsuan qù pá shān háishi tī zúqiú?

4 既然/来了，就/多玩儿一会儿吧。　기왕 왔으니, 좀 더 놀자.
Jìrán lái le, jiù duō wánr yíhuìr ba.

5 只要/坚持练习，口语考试/就一定能合格。
Zhǐyào jiānchí liànxí, kǒuyǔ kǎoshì jiù yídìng néng hégé.
꾸준히 연습한다면, 회화 시험은 반드시 합격할 거야.

제2부분 실전 테스트

06 여가 활동

📖 본문 p.59

第二部分： 第11题，看图说话。

핵심 키워드로 브레인스토밍하기

답변 템플릿

도입	사진에 있는 사람은 지금 ○○○를 하고 있다. 이는 제 취미를 생각나게 한다.
전개	평소에 저도 ○○○하는 것을 좋아한다. 별다른 일이 없다면, 저는 주말에 보통 ○○○를 하러 간다. 왜냐하면 이것은 ○○○뿐만 아니라, 친구들과 즐거운 시간을 보낼 수 있기 때문이다.
마무리	자신의 기분이나 감정 또는 느낀 점으로 마무리하기.

모범 답안

下面/我开始回答/第十一题。图片上的孩子们/正在跳舞，这/让我想起了/
Xiàmiàn wǒ kāishǐ huídá dì shíyī tí. Túpiàn shang de háizimen zhèngzài tiàowǔ, zhè ràng
wǒ xiǎngqǐ le

我的兴趣爱好。我/是一个/大学生，平时/我也很喜欢/跳舞。
wǒ de xìngqù àihào. Wǒ shì yí ge dàxuéshēng, píngshí wǒ yě hěn xǐhuan tiàowǔ.

如果/没什么/事的话，我周末/一般都会/去学习班学跳舞。
Rúguǒ méi shénme shì dehuà, wǒ zhōumò yìbān dōu huì qù xuéxí bān xué tiàowǔ.

我喜欢/和朋友们/一起跳舞。因为/这不仅能/缓解压力，还能/和朋友们/度过
愉快的时间。
Wǒ xǐhuan hé péngyoumen yìqǐ tiàowǔ. Yīnwèi zhè bùjǐn néng huǎnjiě yālì, hái néng hé
péngyoumen dùguò yúkuài de shíjiān.

跳完舞/我们经常一起吃饭，一边/吃饭，一边/聊天。时间过得/特别快。
Tiàowán wǔ wǒmen jīngcháng yìqǐ chī fàn, yìbiān chī fàn, yìbiān liáotiān. Shíjiān guò de
tèbié kuài.

上个星期/我也和几个朋友一起/去学跳舞，我们跳了/两个小时，我/特别开
心。
Shàng ge xīngqī wǒ yě hé jǐ ge péngyou yìqǐ qù xué tiàowǔ, wǒmen tiào le liǎng ge
xiǎoshí, wǒ tèbié kāixīn.

해석 그럼 11번 문제에 대한 답변을 시작하겠습니다. 사진에 있는 아이들은 지금 춤을 추고 있다. 이는 제 취미를 생각나게 한다. 저는 대학생인데, 평소에 저도 춤 추는 것을 좋아한다. 별다른 일이 없다면, 저는 주말에 보통 학원에 가서 춤을 배운다. 저는 친구들과 함께 춤 추는 것을 좋아하는데, 이것은 스트레스가 해소될 뿐만 아니라, 친구들과 즐거운 시간을 보낼 수 있기 때문이다. 춤을 다 추면 우리는 항상 같이 밥을 먹는데, 밥 먹으면서 이야기를 나누면, 시간이 아주 빠르게 지나간다. 지난 주에도 저는 몇 명의 친구들과 함께 춤을 배웠는데, 우리는 두 시간 동안 함께 춤을 추었고, 저는 매우 기뻤다.

07 일상 생활

📖 본문 p.65

第二部分：第11题，看图说话。

핵심 키워드로 브레인스토밍하기

답변 템플릿

도입	사진에 있는 사람은 지금 ○○○를 하고 있다. 이는 제 ○○○ 경험을 생각나게 한다.
전개	저는 한 번도 ○○○한 적이 없었는데, ○○○ 때문에 ○○○를 했다. ○○○를 한 그날은 다 바빴는데, A는 ○○○를 책임지고, 나는 ○○○를 책임졌다.
마무리	결국 성공하여 저는 기분이 ○○○했다. 저는 지금도 ○○○하는 그날의 상황을 잊을 수 없다.

下面/我开始回答/第十一题。图片上的人/正在修电脑，这/让我想起了/我修电脑的经历。

Xiàmiàn wǒ kāishǐ huídá dì shíyī tí. Túpiàn shang de rén zhèngzài xiū diànnǎo, zhè ràng wǒ xiǎngqǐ le wǒ xiū diànnǎo de jīnglì.

我/是一个/大学生，我和父母/一起住。我从来没/修过/电脑，但上个星期/我爸爸的/电脑/坏了。

Wǒ shì yí ge dàxuéshēng, wǒ hé wǒ fùmǔ yìqǐ zhù. Wǒ cónglái méi xiūguo diànnǎo, dàn shàng ge xīngqī wǒ bàba de diànnǎo huài le.

电脑坏了的那天/爸爸有/很重要的/工作，他要用电脑，所以/我们就一起/修电脑。

Diànnǎo huài le de nà tiān bàba yǒu hěn zhòngyào de gōngzuò, tā yào yòng diànnǎo, suǒyǐ wǒmen jiù yìqǐ xiū diànnǎo.

我/负责/用手机上网/找修电脑的/办法，爸爸/负责/修理。我们/一起修了/一个小时，电脑/终于/修好了。

Wǒ fùzé yòng shǒujī shàngwǎng zhǎo xiū diànnǎo de bànfǎ, bàba fùzé xiūlǐ. Wǒmen yìqǐ xiū le yí ge xiǎoshí, diànnǎo zhōngyú xiūhǎo le.

以前/我从来没/自己修过/电脑，但是/这次/修完电脑以后/我有了信心。

Yǐqián wǒ cónglái méi zìjǐ xiūguo diànnǎo,dànshì zhè cì xiūwán diànnǎo yǐhòu wǒ yǒu le xìnxīn.

我现在还/忘不了/那天的情况，我觉得/下次我能/修得更快 。

Wǒ xiànzài hái wàng bu liǎo nà tiān de qíngkuàng, wǒ juéde xià cì wǒ néng xiū de gèng kuài.

> **해석** 그럼 11번 문제에 대한 답변을 시작하겠습니다. 사진에 있는 사람은 지금 컴퓨터를 수리하고 있다. 이는 제가 컴퓨터를 수리한 경험을 생각나게 한다. 저는 대학생인데, 부모님과 함께 산다. 저는 한 번도 컴퓨터를 수리해 본 적이 없는데 지난 주 아빠의 컴퓨터가 고장 났다. 컴퓨터가 고장난 그날 아빠는 중요한 업무가 있어, 컴퓨터를 사용하셔야 해서, 우리는 함께 컴퓨터를 고쳤다. 저는 휴대폰으로 인터넷에서 컴퓨터 수리하는 방법을 감색했고, 아빠는 수리하셨다. 우리는 함께 한 시간 동안 수리하였고, 마침내 컴퓨터를 고쳤다. 예전에 저는 한 번도 스스로 컴퓨터를 수리한 적이 없는데, 이번에 컴퓨터를 수리한 다음, 저는 자신감이 생겼다. 저는 아직도 그날의 상황을 잊을 수가 없다. 저는 다음에 더 빨리 고칠 수 있을 것 같다고 생각한다.

08 학교, 공부

📖 본문 p.71

第二部分：第12题，看图说话。

핵심 키워드로 브레인스토밍하기

답변 템플릿

도입	사진에 있는 사람은 지금 ○○○를 하고 있다. 그들은 매우 ○○○해보인다.
전개	평소에 저도 ○○○을 많이 한다. 비록 많은 사람들은 ○○○을 그다지 좋아하지 않지만, 나는 좋아한다. 왜냐하면 그 이유는 ○○○과 같다. 저는 지금 매일 두 시간 공부하고 있는데, 내일부터 매일 세 시간씩 공부할 것이다.
마무리	지난 학기에 제 성적이 좋았는데, 이번 학기에도 좋은 성적을 받을 수 있기를 바란다.

모범 답안

下面/我开始回答/第十二题。图片上的人/正在参加考试，他们看起来/非常认真。

Xiàmiàn wǒ kāishǐ huídá dì shí'èr tí. Túpiàn shang de rén zhèngzài cānjiā kǎoshì, tāmen kàn qǐlai fēicháng rènzhēn.

我/是一个大学生，我也/经常参加考试。虽然/很多人不太喜欢/考试，但是/我喜欢/考试。

Wǒ shì yí ge dàxuéshēng, wǒ yě jīngcháng cānjiā kǎoshì. Suīrán hěn duō rén bú tài xǐhuan kǎoshì, dànshì wǒ xǐhuan kǎoshì.

因为/参加考试/可以检验一下我的学习成果。

Yīnwèi cānjiā kǎoshì kěyǐ jiǎnyàn yíxià wǒ de xuéxí chéngguǒ.

这样/我可以/知道我哪里不足，我觉得/学习效果/更好。

Zhèyàng wǒ kěyǐ zhīdào wǒ nǎlǐ bùzú, wǒ juéde xuéxí xiàoguǒ gèng hǎo.

我现在/坚持/每天学习/两个小时，我打算/从明天开始/每天学习/三个小时。

Wǒ xiànzài jiānchí měi tiān xuéxí liǎng ge xiǎoshí, wǒ dǎsuan cóng míngtiān kāishǐ měi tiān xuéxí sān ge xiǎoshí.

上个学期/我的成绩/不错，我希望/这个学期/也能得到/好成绩。

Shàng ge xuéqī wǒ de chéngjì búcuò, wǒ xīwàng zhège xuéqī yě néng dédào hǎo chéngjì.

해석 그럼 12번 문제에 대한 답변을 시작하겠습니다. 사진에 있는 사람은 지금 시험을 보고 있다. 그들은 매우 열심히 하고 있는 것 같다. 저는 대학생인데, 저도 자주 시험을 본다. 비록 많은 사람들은 시험 보는 것을 그다지 좋아하지 않지만, 저는 시험 보는 것을 좋아한다. 왜냐하면 시험을 보는 것은 저의 학습 결과를 테스트 해볼 수 있고, 그래야 제가 어디가 부족한 지 알 수 있기 때문에, 저는 학습 효과가 더 좋다고 생각한다. 저는 지금 매일 두 시간 공부하고 있는데, 내일부터 매일 세 시간씩 공부할 것이다. 지난 학기에 제 성적이 좋았는데, 이번 학기에도 좋은 성적을 받을 수 있기를 바란다.

09 직장, 비즈니스

📖 본문 p.77

第二部分: 第12题，看图说话。

핵심 키워드로 브레인스토밍하기

답변 템플릿

도입	나의 ○○○ 은 ○○○ 회사에서 일하는데, 그의 업무는 매우 바쁘다. 사진 속의 사람처럼, 그도 자주 ○○○을 한다.
전개	그는 유능한 사람이라서, 그의 동료들은 다 그를 좋아한다. 그의 업무 스트레스는 많지만, 그는 그의 일을 좋아한다.
마무리	그는 일할 때 가장 보람을 느낀다고 말한다.

모범 답안

下面/我开始回答/第十二题。我姐姐/在一家外国公司/工作，她的工作/特别忙。

Xiàmiàn wǒ kāishǐ huídá dì shí'èr tí. Wǒ jiějie zài yì jiā wàiguó gōngsī gōngzuò, tā de gōngzuò tèbié máng.

跟图片上的这个人/一样，她经常/出差，她去过很多国家。

Gēn túpiàn shang de zhège rén yíyàng, tā jīngcháng chūchāi, tā qùguo hěn duō guójiā.

她是/一个很能干的人，所以/她的同事们/都很喜欢她。

Tā shì yí ge hěn nénggàn de rén, suǒyǐ tā de tóngshìmen dōu hěn xǐhuan tā.

虽然/姐姐的工作压力/很大，但是/她很喜欢/这份工作。

Suīrán jiějie de gōngzuò yālì hěn dà, dànshì tā hěn xǐhuan zhè fèn gōngzuò.

姐姐经常说/她工作的时候/最有成就感。

Jiějie jīngcháng shuō tā gōngzuò de shíhou zuì yǒu chéngjiùgǎn.

我特别/羡慕她，我希望/能成为/像姐姐一样/有能力的人。

Wǒ tèbié xiànmù tā, wǒ xīwàng néng chéngwéi xiàng jiějie yíyàng yǒu nénglì de rén.

第十二题/回答完了。

Dì shí'èr tí huídáwán le

해석 그럼 12 번 문제에 대한 답변을 시작하겠습니다. 우리 언니는 외국계 기업에서 일하는데, 그녀의 업무는 매우 바쁘다. 사진에 있는 이 사람처럼, 그녀는 자주 출장을 간다. 그녀는 아주 많은 나라를 가본 적이 있다. 그녀는 유능한 사람이기 때문에, 그녀의 동료들도 모두 그녀를 좋아한다. 비록 언니의 업무 스트레스가 심하지만, 그녀는 이 일을 매우 좋아한다. 언니는 항상 일할 때 가장 보람을 느낀다고 말한다. 저는 언니를 특히 부러워하는데, 언니처럼 유능한 사람이 될 수 있기를 바란다. 12 번 문제 답변 끝났습니다.

10 감정, 축하

📖 본문 p.83

第二部分: 第12题，看图说话。

핵심 키워드로 브레인스토밍하기

답변 템플릿

도입	그림 속의 사람은 표정이 ○○○한데, 그녀는 매우 ○○○해보인다. 최근에 나도 그녀처럼 ○○○하다.
전개	왜냐하면 나는 최근에 ○○○를 해서, ○○○에 대해 ○○○하다. 어떤 사람은 ○○○한 것이 좋다고 하고, 어떤 사람은 ○○○한 것이 좋다고 한다. 나에게 있어서, ○○○한 것이 더 좋다고 생각한다.
마무리	○○○만 한다면, 나는 ○○○할 것이다.

모범 답안

下面/我开始回答/第十二题。图片上的这个人/表情/不太好，她看起来/好像/有什么心事。
Xiàmiàn wǒ kāishǐ huídá dì shí'èr tí. Túpiàn shang de zhège rén biǎoqíng bú tài hǎo, tā kàn qǐlai hǎoxiàng yǒu shénme xīnshì.

其实和她一样，最近/我也十分烦恼。
Qíshí hé tā yíyàng, zuìjìn wǒ yě shífēn fánnǎo.

因为/我马上就要/毕业了，所以/我很担心/找工作的事情。
Yīnwèi wǒ mǎshàng jiù yào bìyè le, suǒyǐ wǒ hěn dānxīn zhǎo gōngzuò de shìqing.

有人说/应该找/工资高的工作，有人说/应该找/自己喜欢的工作。
Yǒu rén shuō yīnggāi zhǎo gōngzī gāo de gōngzuò, yǒu rén shuō yīnggāi zhǎo zìjǐ xǐhuan de gōngzuò.

对我来说，如果/做我不喜欢的工作的话，即使/工资再高，我也/坚持不下去。
Duì wǒ lái shuō, rúguǒ zuò wǒ bù xǐhuan de gōngzuò dehuà, jíshǐ gōngzī zài gāo, wǒ yě jiānchí bú xiàqu.

所以/我还是想做/自己喜欢的工作。
Suǒyǐ wǒ háishi xiǎng zuò zìjǐ xǐhuan de gōngzuò.

只要/能找到/一个好工作，我就/什么烦恼/都没有了。
Zhǐyào néng zhǎodào yí ge hǎo gōngzuò, wǒ jiù shénme fánnǎo dōu méiyǒu le.

해석 그럼 12번 문제에 대한 답변을 시작하겠습니다. 사진에 있는 이 사람은 표정이 그다지 좋지 않은데, 무슨 고민이 있는 것처럼 보인다. 사실 저도 그녀와 마찬가지로 최근에 고민이 매우 많다. 왜냐하면, 저는 곧 졸업하는데, 취업 문제가 매우 걱정이다. 어떤 사람은 연봉이 높은 일자리를 구해야 한다고 말하고, 어떤 사람은 자신이 좋아하는 일을 해야 한다고 말한다. 저에게 있어서, 만약 좋아하지 않는 일을 해야 한다면, 저는 아마 버텨내지 못할 것이다. 그래서 저는 제가 좋아하는 일을 하고 싶다. 좋은 곳에 취업만 된다면, 저는 아무런 고민도 없어질 것 같다.

제3부분 실전 테스트

11 취미, 취향

📖 본문 p.92

Qǐng shuō yíxià, nǐ zuì xǐhuan shénme yánsè. Wèi shénme?

13. 请说一下，你最喜欢什么颜色。为什么？（2分钟）

당신이 가장 좋아하는 색깔에 대해 말해보세요. 왜 좋아하나요?

핵심 키워드로 브레인스토밍하기

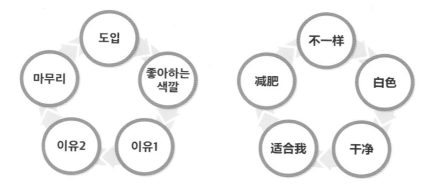

답변 템플릿

도입	사람마다 좋아하는 색깔은 당연히 다 다르다. 어떤 사람은 ○○○를 좋아하고, 어떤 사람은 ○○○를 좋아한다.
전개	저는 ○○○을 특히 좋아한다. 왜냐하면 ○○○ 때문이다. 게다가 ○○○은 저랑 잘 어울린다. 그래서 저는 ○○○을 가장 좋아한다. 하지만, 최근에 ○○○○해서 변화가 있다.
마무리	그래서 저는 ○○○를 해야겠다고 생각했다. 앞으로 저는 꾸준히 ○○○을 할 수 있도록 노력하겠다.

每个人喜欢的颜色/当然都不同，有的人/喜欢红色，有的人/喜欢绿色。
Měi ge rén xǐhuan de yánsè dāngrán dōu bùtóng yǒude rén xǐhuan hóngsè, yǒude rén xǐhuan lǜsè.

对我来说，我特别喜欢/白色。因为/白色最干净，配什么颜色/都好看。
Duì wǒ lái shuō, wǒ tèbié xǐhuan báisè. Yīnwèi báisè zuì gānjìng, pèi shénme yánsè dōu hǎokàn.

而且我的皮肤/很黑，我穿/别的颜色的衣服/时，我的家人总是说/那些颜色不适合我。
Érqiě wǒ de pífū hěn hēi, wǒ chuān biéde yánsè de yīfu shí, wǒ de jiārén zǒngshì shuō nàxiē yánsè bú shìhé wǒ.

但是/我穿白色衣服/的时候，我的家人都说/白色很适合我，所以/我越来越喜欢/白色了。
Dànshì wǒ chuān báisè yīfu de shíhou, wǒ de jiārén dōu shuō báisè hěn shìhé wǒ, suǒyǐ wǒ yuè lái yuè xǐhuan báisè le.

但是最近/我胖了，所以穿白色的衣服/显得更胖，我觉得/我应该减肥。
Dànshì zuìjìn wǒ pàng le, suǒyǐ chuān báisè de yīfu xiǎnde gèng pàng, wǒ juéde wǒ yīnggāi jiǎnféi.

以后/我要争取/每天都出去运动/减肥。
Yǐhòu wǒ yào zhēngqǔ měi tiān dōu chūqu yùndòng jiǎnféi.

해석 사람마다 좋아하는 색깔은 당연히 다 다르다. 어떤 사람은 빨간색을 좋아하고, 어떤 사람은 초록색을 좋아한다. 저는 흰색을 특히 좋아한다. 왜냐하면 흰색이 가장 깨끗해서, 어떤 색이랑 다 잘 어울린다. 게다가 제 피부는 어두운데, 다른 색의 옷을 입을 때 가족들이 자주 그 색깔들이 저랑 안 어울린다고 말한다. 그러나 제가 흰색 옷을 입을 때, 가족들이 흰색이 저랑 잘 어울린다고 말해서, 저는 흰색이 점점 좋아졌다. 그러나 최근에 제가 살이 쪘는데, 흰색 옷을 입으면 더 뚱뚱해 보였다. 그래서 저는 다이어트 해야겠다고 생각했다. 앞으로 저는 매일 나가서 운동할 수 있도록 노력하겠다.

12 일상, 생활

📖 본문 p.99

Māma guò shēngrì shí, nǐ xiǎng sòng tā shénme lǐwù?

13. 妈妈过生日时，你想送她什么礼物？（2分钟）

어머니 생신 때, 당신은 그녀에게 무엇을 선물하고 싶은가요?

핵심 키워드로 브레인스토밍하기

답변 템플릿

도입	사람마다 좋아하는 선물은 당연히 다 다르다. 어떤 사람은 ○○○를 좋아하고, 어떤 사람은 ○○○를 좋아한다.
전개	사실 저는 엄마가 ○○○을 좋아하는지 잘 모르겠지만, 제가 준비한 선물이라면 다 좋아하신다. 예전에 엄마 생신 때, ○○○도 사 드린 적 있고, ○○○도 선물한 적 있다. 올해 저는 그녀에게 ○○○을 선물할 것이다. 다. 왜냐하면 ○○○ 때문이다.
마무리	저는 엄마가 꼭 ○○○할 거라고 믿는다.

每个人喜欢的礼物/都不一样，有人喜欢/买的礼物，有人喜欢/亲手做的礼物，还有人/喜欢钱。

Měi ge rén xǐhuan de lǐwù dōu bù yíyàng, yǒu rén xǐhuan mǎi de lǐwù, yǒu rén xǐhuan qīnshǒu zuò de lǐwù, hái yǒu rén xǐhuan qián.

其实/我不知道/我妈妈喜欢什么礼物，但是只要是/我给她/准备的礼物，她就/都很喜欢。

Qíshí wǒ bù zhīdào wǒ māma xǐhuan shénme lǐwù, dànshì zhǐyào shì wǒ gěi tā zhǔnbèi de lǐwù, tā jiù dōu hěn xǐhuan.

以前/妈妈过生日的时候，我给妈妈/买过巧克力，买过化妆品，还买过营养品。

Yǐqián māma guò shēngrì de shíhou, wǒ gěi māma mǎiguo qiǎokèlì, mǎiguo huàzhuāngpǐn, hái mǎiguo yíngyǎngpǐn.

今年/我想亲手给她做/一个生日蛋糕。因为我觉得/亲手做的生日蛋糕/更有诚意。

Jīnnián wǒ xiǎng qīnshǒu gěi tā zuò yí ge shēngrì dàngāo. Yīnwèi wǒ juéde qīnshǒu zuò de shēngrì dàngāo gèng yǒu chéngyì.

我相信/妈妈一定会喜欢的。

Wǒ xiāngxìn māma yídìng huì xǐhuan de.

해석 사람마다 좋아하는 선물이 다른데, 어떤 사람은 사주는 선물을 좋아하고, 어떤 사람은 손수 만든 선물을 좋아하며, 또 어떤 사람은 돈을 좋아한다. 사실 엄마가 어떤 선물을 좋아하는지 모르겠지만, 제가 준비한 선물이라면 다 좋아하신다. 예전에 엄마 생신 때, 제가 초콜릿을 사드린 적이 있고, 화장품이나 영양제도 사드린 적이 있다. 올해 저는 그녀에게 생일 케이크를 직접 만들어 주고 싶다. 왜냐하면 직접 만든 생일 케이크가 더 정성이 있는 것 같다. 저는 엄마가 꼭 좋아하실 거라고 믿는다.

13 학교, 공부

📖 본문 p.106

Nǐ juéde wèile xuéhǎo hànyǔ, yīnggāi zěnme zuò?

13. 你觉得为了学好汉语，应该怎么做？（2分钟）

당신은 중국어를 잘하기 위해서 어떻게 해야 한다고 생각하나요?

핵심 키워드로 브레인스토밍하기

답변 템플릿

도입	사람마다 자신만의 학습 방법이 있다. ○○○를 잘하기 위해서, 저도 저만의 방법이 있다.
전개	먼저, 저는 매일 ○○○를 하는데, 이는 제 ○○○ 수준을 향상시키는데 도움이 된다. 둘째, 저는 ○○○를 꼭 하는데, 이는 제 ○○○능력을 향상시키는데 도움이 된다. 마지막으로 저는 자주 ○○○를 한다.
마무리	아무튼, 저는 외국어를 잘하기 위한 핵심은 ○○○ 있다고 생각한다.

모범 답안

每个人都有/自己的学习方法。为了学好汉语，我也有/我自己的一套方法。

Měi ge rén dōu yǒu zìjǐ de xuéxí fāngfǎ. Wèile xuéhǎo Hànyǔ, wǒ yě yǒu wǒ zìjǐ de yí tào fāngfǎ.

首先，我每天都看/中国电视剧，这对提高我的听力水平/很有帮助。

Shǒuxiān, wǒ měi tiān dōu kàn Zhōngguó diànshìjù, zhè duì tígāo wǒ de tīnglì shuǐpíng hěn yǒu bāngzhù.

其次，我一直坚持/每周写一篇/中文日记，这对提高我的写作能力/很有帮助。

Qícì, wǒ yìzhí jiānchí měi zhōu xiě yì piān Zhōngwén rìjì, zhè duì tígāo wǒ de xiězuò nénglì hěn yǒu bāngzhù.

最后，我经常/和中国朋友见面，在他们的帮助下，我的汉语口语/进步得也很快。

Zuìhòu, wǒ jīngcháng hé Zhōngguó péngyou jiànmiàn, zài tāmen de bāngzhù xià, wǒ de Hànyǔ kǒuyǔ jìnbù de yě hěn kuài.

总之，我觉得/学好外语的关键在于/多说、多听、多练。只要努力，谁都能/学好汉语。

Zǒngzhī, wǒ juéde xuéhǎo wàiyǔ de guānjiàn zàiyú duō shuō, duō tīng, duō liàn. Zhǐyào nǔlì, shuí dōu néng xuéhǎo Hànyǔ.

> 해석 사람마다 자신만의 학습 방법이 있다. 중국어를 잘하기 위해서, 저도 저만의 방법이 있다. 먼저, 저는 매일 중국 드라마를 보는데, 이는 제 듣기 수준을 향상시키는데 도움이 된다. 둘째, 저는 일주일에 한 편씩 꾸준히 중국어 일기를 써왔는데, 이는 저의 글쓰기 능력을 향상시키는데 도움이 된다. 마지막으로, 저는 자주 중국 친구들과 만난다. 그들의 도움으로 제 중국어 회화 실력은 빠르게 늘었다. 아무튼, 저는 외국어를 잘 배우기 위한 핵심은 많이 말하고, 많이 듣고, 많이 연습하는데 있다고 생각한다. 노력만 한다면, 누구든지 중국어를 잘 할 수 있다.

14 직장, 회사 생활

📖 본문 p.113

Nǐ shàng xiàbān shí, yìbān yòng shénme jiāotōng gōngjù? Wèi shénme?

13. 你上下班时，一般用什么交通工具？为什么？（2分钟）

당신은 출퇴근할 때, 보통 어떤 교통수단을 이용하세요?

핵심 키워드로 브레인스토밍하기

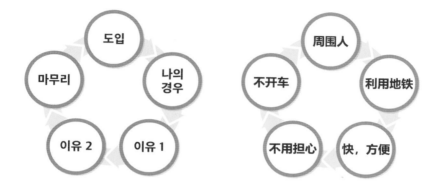

답변 템플릿

도입	제 주변 사람들은 ○○○로 출퇴근하는 것을 좋아하는데, 그 이유는 ○○○때문이다. ○○○과 비교했을 때, 저는 ○○○를 이용해서 출퇴근 하는 것을 더 좋아한다.
전개	왜냐하면, ○○○를 이용하는 것은 ○○○하기도 하고, ○○○하기도 한다. 그래서 ○○○을 전혀 걱정할 필요가 없다.
마무리	환경을 보호하기 위해, 저는 출퇴근할 때 되도록 ○○○를 하지 않는다.

모범 답안

 MP3 14-4

上下班时/我有时坐地铁，有时坐公交车，偶尔也会/开车上班。
Shàng xiàbān shí wǒ yǒushí zuò dìtiě, yǒushí zuò gōngjiāochē, ǒu'ěr yě huì kāichē shàngbān.

我周围很多人/都喜欢坐公交车/上下班，因为可以看/外面的风景，不那么无聊。
Wǒ zhōuwéi hěn duō rén dōu xǐhuan zuò gōngjiāochē shàng xiàbān, yīnwèi kěyǐ kàn wàimiàn de fēngjǐng, bú nàme wúliáo.

但是/和公交车相比，我更喜欢/利用地铁/上下班。
Dànshì hé gōngjiāochē xiāngbǐ, wǒ gèng xǐhuan lìyòng dìtiě shàng xiàbān.

因为我觉得/地铁又快/又方便，而且/不受天气/和路况的影响。
Yīnwèi wǒ juéde dìtiě yòu kuài yòu fāngbiàn, érqiě bú shòu tiānqì hé lùkuàng de yǐngxiǎng.

不管下雨/还是下雪，我都不用担心/迟到的问题。
Bùguǎn xià yǔ háishi xià xuě, wǒ dōu búyòng dānxīn chídào de wèntí.

另外，最近/开车上下班的人/也越来越多，为了/保护环境，我上下班时/尽量不开车。
Lìngwài, zuìjìn kāichē shàng xiàbān de rén yě yuè lái yuè duō, wèile bǎohù huánjìng, wǒ shàng xiàbān shí jǐnliàng bù kāichē.

해석 출퇴근할 때, 저는 어떤 때에는 지하철을 타고, 어떤 때에는 버스를 타고, 또 가끔 운전하기도 한다. 제 주변 사람들은 버스로 출퇴근 하는 것을 좋아하는데, 바깥 풍경을 볼 수 있어 지루하지 않기 때문이다. 그러나 버스와 비교했을 때, 저는 지하철을 이용해서 출퇴근 하는 것을 더 좋아한다. 왜냐하면 저는 지하철이 빠르고 편리하며, 날씨나 도로 상황에 영향을 받지 않는다고 생각하기 때문이다. 비가 오든 눈이 오든 저는 지각 문제를 걱정할 필요가 없다. 이 외에, 최근 운전해서 출퇴근하는 사람이 점점 많아졌는데, 환경을 보호하기 위해, 저는 출퇴근할 때 되도록 운전하지 않는다.

15 건강

📖 본문 p.120

Nǐ jīngcháng duànliàn shēntǐ ma?

13. 你经常锻炼身体吗？（2分钟）

당신은 운동을 자주 하나요?

핵심 키워드로 브레인스토밍하기

답변 템플릿

도입	사실 저는 운동을 그다지 좋아하는 사람이 아니다. 예전에는 운동을 거의 하지 않았는데, ○○○계기로 운동을 시작했다.
전개	저는 지금 매일 ○○○에 ○○○를 한다. 그리고 저는 일주일에 한 두번 ○○○운동을 한다. 주말에는 ○○○를 한다.
마무리	운동을 시작한 후, 저는 많이 건강해졌다. 어쨌든 운동은 건강에 도움이 되기 때문에, 저는 꾸준히 유지할 것이다.

모범 답안

其实/我不是那么喜欢/运动的人，以前/我很少/锻炼身体。
Qíshí wǒ bú shì nàme xǐhuan yùndòng de rén, yǐqián wǒ hěn shǎo duànliàn shēntǐ.

但是/去年我突然/变得很胖，身体/越来越不好，所以/我开始/锻炼身体。
Dànshì qùnián wǒ tūrán biànde hěn pàng, shēntǐ yuè lái yuè bù hǎo, suǒyǐ wǒ kāishǐ duànliàn shēntǐ.

我现在/每天早上/ 5点起床，然后/出去跑步。
Wǒ xiànzài měi tiān zǎoshang wǔ diǎn qǐchuáng, ránhòu chūqu pǎobù.

我每天/跑一个小时，然后/回家吃早饭，吃完早饭/就去上班。
Wǒ měi tiān pǎo yí ge xiǎoshí, ránhòu huíjiā chī zǎofàn, chīwán zǎofàn jiù qù shàngbān.

如果/下班早的话，我就去/健身房健身，一周会去/一到两次。
Rúguǒ xiàbān zǎo dehuà, wǒ jiù qù jiànshēnfáng jiànshēn, yì zhōu huì qù yī dào liǎng cì.

周末如果/天气好的话，我还经常/去骑自行车。
Zhōumò rúguǒ tiānqì hǎo dehuà, wǒ hái jīngcháng qù qí zìxíngchē.

开始锻炼以后，我变得/健康多了。总之，锻炼有助于/身体健康，我一定会/坚持下去。
Kāishǐ duànliàn yǐhòu, wǒ biànde jiànkāng duō le. Zǒngzhī, duànliàn yǒu zhù yú shēntǐ jiànkāng, wǒ yídìng huì jiānchí xiàqu.

해석 사실 저는 운동을 그다지 좋아하는 사람이 아니다. 예전에 저는 운동을 거의 하지 않았는데, 작년에 갑자기 살이 쪄서 몸이 점점 안 좋아졌다. 그래서 운동을 시작했다. 저는 지금 매일 아침 5시에 일어나서, 달리기를 하러 나간다. 저는 매일 한 시간을 뛰고 나서 집에 돌아와 아침을 먹는다. 아침 먹고 나서 바로 출근한다. 일찍 퇴근하는 날이면, 저는 헬스장에 가서 일주일에 한 두 번 정도 운동을 한다. 주말에 날씨가 좋으면 저는 자주 자전거를 타러 간다. 운동을 시작한 후, 저는 많이 건강해졌다. 어쨌든 운동은 건강에 도움이 되기 때문에, 저는 꾸준히 유지할 것이다.

16 환경

📖 본문 p.127

Nǐ juéde dǎozhì huánjìng wūrǎn de yuányīn yǒu nǎxiē?

13. 你觉得导致环境污染的原因有哪些？(2分钟)

당신은 환경오염의 원인이 무엇이라고 생각하나요?

핵심 키워드로 브레인스토밍하기

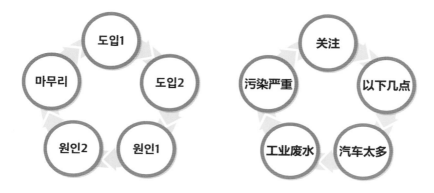

답변 템플릿

도입	환경을 보호하는 것은 모든 사람의 책임이고, 환경 오염 문제는 우리 모두가 주목해야 할 문제이다.
전개	저는 환경 오염의 주요 원인은 다음과 같다고 생각한다. 첫째, 요즘 ○○○이 너무 많은데, ○○○으로 인해 오염이 발생한다. 그 다음으로 ○○○는 ○○○오염을 유발한다.
마무리	요컨대, 현재 환경 오염 문제는 점점 더 심각해지고 있다. 우리는 반드시 주변의 작은 일부터 시작하여 환경을 잘 보호해야 한다.

모범 답안

保护环境/是我们每个人的责任，环境污染问题是/我们每个人都应该/关注的问题。

Bǎohù huánjìng shì měi ge rén de zérèn, huánjìng wūrǎn wèntí shì wǒmen měi ge rén dōu yīnggāi guānzhù de wèntí.

我觉得/导致环境污染的原因/主要有以下几点。

Wǒ juéde dǎozhì huánjìng wūrǎn de yuányīn zhǔyào yǒu yǐxià jǐ diǎn.

首先，最近/路上的汽车/太多了，汽车尾气/导致了大气污染。

Shǒuxiān, zuìjìn lù shang de qìchē tài duō le, qìchē wěiqì dǎozhì le dàqì wūrǎn.

其次，工业废水和生活废水/导致水质污染。

Qícì, gōngyè fèishuǐ hé shēnghuó fèishuǐ dǎozhì shuǐzhì wūrǎn.

再次，无法循环使用的垃圾/占用了地球空间，污染了/土壤。

Zàicì, wúfǎ xúnhuán shǐyòng de lājī zhànyòng le dìqiú kōngjiān, wūrǎn le tǔrǎng.

总之，现在环境污染的问题/越来越严重，我们应该/从身边的小事/做起，好好保护环境。

Zǒngzhī, xiànzài huánjìng wūrǎn de wèntí yuè lái yuè yánzhòng, wǒmen yīnggāi cóng shēnbiān de xiǎo shì zuòqǐ, hǎohǎo bǎohù huánjìng.

해석 환경을 보호하는 것은 모든 사람의 책임이고, 환경 오염 문제는 우리 모두가 주목해야 할 문제이다. 저는 환경 오염의 주요 원인은 다음과 같다고 생각한다. 첫째, 요즘 도로에 자동차가 너무 많은데, 자동차 배기 가스로 인해 대기 오염이 발생한다. 다음으로, 산업 폐수와 생활 폐수는 수질 오염을 유발한다. 그 다음으로 재활용 불가능한 쓰레기가 지구 공간을 차지하여, 토양을 오염시켰다. 요컨대, 현재 환경 오염 문제는 점점 더 심각해지고 있으며 우리는 반드시 주변의 작은 일부터 시작하여 환경을 잘 보호해야 한다.

17 인물 소개

📖 본문 p.133

Qǐng nǐ jièshào yíxià nǐ zuì zūnjìng de rén.

13. 请你介绍一下你最尊敬的人。(2分钟)

당신이 가장 존경하는 사람을 소개해주세요.

핵심 키워드로 브레인스토밍하기

답변 템플릿

도입	제 주위에는 제가 존경하는 사람이 많은데, 제가 가장 존경하는 ○○○을 소개하고 싶다.
전개	○○○의 특징 언급하기. 제가 ○○○를 존경하는 이유는 바로 ○○○이라고 생각한다. ○○○은 장점이 많은데, 항상 우리에게 긍정적인 에너지를 준다.
마무리	저는 ○○○을 알게 된 것이 제 인생의 큰 행운이라고 생각한다.

모범 답안

我周围有/很多让我尊敬的人，我想介绍一下/我最尊敬的汉语老师/王老师。
Wǒ zhōuwéi yǒu hěn duō ràng wǒ zūnjìng de rén, wǒ xiǎng jièshào yíxià wǒ zuì zūnjìng de Hànyǔ lǎoshī Wáng lǎoshī.

王老师教汉语/教得特别好，她不但/汉语教得好，而且/很幽默，所以同学们/都喜欢她。
Wáng lǎoshī jiāo Hànyǔ jiāo de tèbié hǎo, tā búdàn Hànyǔ jiāo de hǎo, érqiě hěn yōumò, suǒyǐ tóngxuémen dōu xǐhuan tā.

王老师很忙，但是/每次我问她/问题的时候，她都耐心地/给我解释。
Wáng lǎoshī hěn máng, dànshì měi cì wǒ wèn tā wèntí de shíhou, tā dōu nàixīn de gěi wǒ jiěshì.

她的学生很多，但是/每个学生的名字/她都记得，这一点/也很让我感动。
Tā de xuéshēng hěn duō, dànshì měi ge xuéshēng de míngzi tā dōu jìde, zhè yìdiǎn yě hěn ràng wǒ gǎndòng.

除了教汉语，她还总是/给我们正能量，跟她一起/学汉语，我特别开心。
Chúle jiāo Hànyǔ, tā hái zǒngshì gěi wǒmen zhèngnéngliàng, gēn tā yìqǐ xué Hànyǔ, wǒ tèbié kāixīn.

我觉得/认识她/是我人生中的一大幸事。
Wǒ juéde rènshi tā shì wǒ rénshēng zhōng de yí dà xìngshì.

> **해석** 제 주위에는 제가 존경하는 사람이 많은데, 제가 가장 존경하는 중국어 선생님인 왕 선생님을 소개하고 싶다. 왕 선생님은 중국어를 특히 잘 가르친다. 그녀는 중국어를 잘 가르칠 뿐만 아니라, 유머러스해서 학생들이 모두 그녀를 좋아한다. 왕 선생님은 매우 바쁘지만, 매번 제가 질문을 할 때, 인내심을 가지고 잘 설명을 해주신다. 그녀는 학생이 많지만, 매 학생의 이름을 모두 기억한다. 그런 점도 감동이다. 중국어를 가르치는 것 외에도, 그녀는 항상 우리에게 긍정적인 에너지를 준다. 그녀와 함께 중국어를 배울 수 있어서 저는 아주 신난다. 저는 그녀를 알게 된 것이 제 인생의 큰 행운이라고 생각한다.

18 IT

📖 본문 p.140

Qǐng shuōshuo "hùliánwǎng" duì xiàndài shēnghuó yǒu nǎxiē yǐngxiǎng?

13. 请说说 "互联网" 对现代生活有哪些影响？（2分钟）

'인터넷'이 현대 생활에 어떤 영향을 미친다고 생각하는지 말해주세요.

핵심 키워드로 브레인스토밍하기

답변 템플릿

도입	인터넷은 시도 때도 없이 우리의 삶에 영향을 미친다.
전개	인터넷을 통해 우리는 ○○○하고, ○○○할 수 있으며, 인터넷은 우리의 삶을 매우 편리하게 만들었다. 그러나 인터넷에도 부정적인 점이 있다. 장시간 인터넷을 사용하면 ○○○할 수 있고, ○○○에도 영향을 준다.
마무리	요컨대, 과학 기술의 발전으로 인터넷은 이미 우리 생활의 일부가 되었다. 우리는 인터넷을 올바르게 사용하여, 인터넷이 우리에게 더 나은 서비스를 제공할 수 있도록 해야 한다.

모범 답안

互联网/无时无刻不在影响/我们的生活。
Hùliánwǎng wúshí wúkè bú zài yǐngxiǎng wǒmen de shēnghuó.

互联网/让我们能够/更快地得到/需要的信息，让我们/随时随地/都可以和别人联系。
Hùliánwǎng ràng wǒmen nénggòu gèng kuài de dédào xūyào de xìnxī, ràng wǒmen suíshí suídì dōu kěyǐ hé biérén liánxì.

通过互联网/我们可以学习、购物、娱乐，互联网/让我们的生活/变得特别方便。
Tōngguò hùliánwǎng wǒmen kěyǐ xuéxí, gòuwù, yúlè, hùliánwǎng ràng wǒmen de shēnghuó biàn de tèbié fāngbiàn.

但是互联网/也有坏处。长时间上网/会导致视力下降，还会影响/我们的身体和心理健康。
Dànshì hùliánwǎng yě yǒu huàichù. Cháng shíjiān shàngwǎng huì dǎozhì shìlì xiàjiàng, hái huì yǐngxiǎng wǒmen de shēntǐ hé xīnlǐ jiànkāng.

总之，随着/科技的发展，互联网已经成了/我们生活中的一部分，
Zǒngzhī, suízhe kējì de fāzhǎn, hùliánwǎng yǐjīng chéng le wǒmen shēnghuó zhōng de yí bùfen,

我们应该/正确使用互联网，让互联网/更好地为我们服务。
Wǒmen yīnggāi zhèngquè shǐyòng hùliánwǎng, ràng hùliánwǎng gèng hǎo de wèi wǒmen fúwù.

해석 인터넷은 시도 때도 없이 우리의 삶에 영향을 미친다. 인터넷은 우리가 더 빠르게 필요한 정보를 얻을 수 있게 하고, 언제 어디서나 다른 사람과 연락할 수 있게 한다. 인터넷을 통해 우리는 공부하고, 쇼핑하고, 즐길 수 있으며, 인터넷은 우리의 삶을 매우 편리하게 만들었다. 그러나 인터넷도 부정적인 점이 있다. 장시간 인터넷을 사용하면 시력이 저하되고, 몸과 정신 건강에도 영향을 준다. 요컨대, 과학 기술의 발전으로 인터넷은 이미 우리 생활의 일부가 되었다. 우리는 인터넷을 올바르게 사용하여, 인터넷이 우리에게 더 나은 서비스를 제공할 수 있도록 해야 한다.

19 중국, 여행

📖 본문 p.147

Qǐng jièshào yí ge nǐ zuì nánwàng de lǚyóu jīnglì.

13. 请介绍一个你最难忘的旅游经历。（2分钟）

당신이 가장 잊을 수 없는 여행 경험을 소개해주세요.

핵심 키워드로 브레인스토밍하기

답변 템플릿

도입	저는 잊을 수 없는 여행 경험이 많다. 그런데, ○○○에 ○○○과 함께 ○○○을 갔었는데, 그 여행이 가장 기억에 남았다.
전개	우리는 ○○○도 가고, ○○○도 갔다. 이 일정들은 모두 내가 계획한 것이다. ○○○은 ○○○한 곳이고, 모두 이 곳을 매우 좋아했다. 특히, ○○○하는 것이 더 보람찼다.
마무리	집에 돌아올 때, ○○○은 모두 더 놀고 싶다고 했다. 기회가 된다면, 저는 ○○○과 다시 ○○○에 놀러 가고 싶다.

모범 답안

我有很多/难忘的旅游经历。不过去年/我和爸爸妈妈一起/去了上海，这次旅游/最让我难忘。

Wǒ yǒu hěn duō nánwàng de lǚyóu jīnglì. Búguò qùnián wǒ hé bàba māma yìqǐ qù le Shànghǎi, zhè cì lǚyóu zuì ràng wǒ nánwàng.

我们去了/外滩，去了/东方明珠塔，还去了/南京路。这些行程/都是我安排的。

Wǒmen qù le Wàitān, qù le Dōngfāng míngzhū tǎ, hái qù le Nánjīnglù. Zhèxiē xíngchéng dōu shì wǒ ānpái de.

上海/是一个很浪漫的/城市，爸爸妈妈/也很喜欢这里。

Shànghǎi shì yí ge hěn làngmàn de chéngshì, bàba māma yě hěn xǐhuan zhèlǐ.

值得一提的是，在上海旅游时/我一直用汉语/和当地人沟通，问路、点餐/都由我负责，所以/我特别有成就感。

Zhídé yì tí de shì, zài Shànghǎi lǚyóu shí wǒ yìzhí yòng Hànyǔ hé dāngdìrén gōutōng, wèn lù, diǎn cān dōu yóu wǒ fùzé, suǒyǐ wǒ tèbié yǒu chéngjiùgǎn.

回来的时候，爸爸妈妈都说/没玩儿够。

Huílai de shíhou, bàba māma dōu shuō méi wánr gòu.

如果有机会，我还想/和家人一起去/上海玩儿。

Rúguǒ yǒu jīhuì, wǒ hái xiǎng hé jiārén yìqǐ qù Shànghǎi wánr.

해석 저는 잊을 수 없는 여행 경험이 많다. 그런데, 작년에 저는 부모님과 함께 상하이를 갔었는데, 그 여행이 가장 기억에 남았다. 우리는 와이탄, 동방명주탑에 갔고, 난징루에도 갔다. 이 일정들은 모두 제가 계획한 것이다. 상하이는 매우 낭만적인 도시이고, 부모님도 이 곳을 매우 좋아하셨다. 특히 여행할 때, 저는 계속 중국어로 현지인들과 소통하고, 길을 묻고, 음식을 주문하는 것을 책임졌다. 그래서 특히 보람찼다. 집에 돌아올 때, 부모님은 모두 더 놀고 싶다고 하셨다. 기회가 된다면, 저는 가족들과 다시 상하이에 놀러 가고 싶다.

20 가치관, 견해

📖 본문 p.154

Nǐ shénme shíhou juéde zuì xìngfú?
13. 你什么时候觉得最幸福？（2分钟）

당신은 언제 가장 행복하다고 느끼나요?

핵심 키워드로 브레인스토밍하기

답변 템플릿

도입	사람마다 행복관이 다르다. 저는 행복은 매우 가까이 있고, ○○○이 저를 행복하게 한다고 생각한다.
전개	예를 들면, ○○○할 때, 저는 행복하다고 생각한다. 또 예를 들면, ○○○할 때, 이 역시 저를 행복하게 한다. 이 외에, ○○○한다면, 저는 매우 행복할 것 같다.
마무리	아무튼, 행복은 바로 우리 곁에 있고, 우리는 감사함을 알고 잘 살아야 한다. 그럼 매일 행복할 수 있다.

每个人的幸福观/都不一样。对我来说，我觉得/幸福离我们/很近，很多小事/都能让我/感到幸福。

Měi ge rén de xìngfúguān dōu bù yíyàng. Duì wǒ lái shuō, wǒ juéde xìngfú lí wǒmen hěn jìn, hěn duō xiǎo shì dōu néng ràng wǒ gǎndào xìngfú.

比如说，和朋友见面，一边喝咖啡/一边聊天的时候，我觉得/很幸福。

Bǐrú shuō, hé péngyou jiànmiàn, yìbiān hē kāfēi yìbiān liáotiān de shíhou, wǒ juéde hěn xìngfú.

再比如说，我的父母/年纪都大了，但是他们/都很健康，这也让我/感到很幸福。

Zài bǐrú shuō, wǒ de fùmǔ niánjì dōu dà le, dànshì tāmen dōu hěn jiànkāng, zhè yě ràng wǒ gǎndào hěn xìngfú.

另外，我现在/正在学汉语，我的目标是/通过汉语口语/中级考试。

Lìngwài, wǒ xiànzài zhèngzài xué Hànyǔ, wǒ de mùbiāo shì tōngguò Hànyǔ kǒuyǔ zhōngjí kǎoshì.

如果/通过我的努力/实现了我的学习目标/的话，我觉得/我会非常幸福。

Rúguǒ tōngguò wǒ de nǔlì shíxiàn le wǒ de xuéxí mùbiāo dehuà, wǒ juéde wǒ huì fēicháng xìngfú.

总之，幸福/就在我们的身边，我们应该/学会感恩，好好生活，这样每天都是/幸福的。

Zǒngzhī, xìngfú jiù zài wǒmen de shēnbiān, wǒmen yīnggāi xuéhuì gǎn'ēn, hǎohǎo shēnghuó, zhèyàng měi tiān dōu shì xìngfú de.

해석 사람마다 행복관이 다르다. 저는 행복은 매우 가까이 있고, 작은 일들이 저를 행복하게 한다고 생각한다. 예를 들면, 친구와 만나서 함께 커피 마시면서 수다 떨 때, 저는 행복하다고 생각한다. 또 예를 들면, 제 부모님은 다 연세가 많으신데, 모두 건강하시다. 이 역시 저를 행복하게 한다. 이 외에, 저는 지금 중국어를 배우고 있는데, 제 목표는 바로 중국어 말하기 중급 시험을 합격하는 것이다. 만약 제 노력으로 공부 목표를 이루게 된다면, 저는 매우 행복할 것 같다. 아무튼, 행복은 바로 우리 곁에 있고, 우리는 감사함을 알고 잘 살아야 한다. 그럼 매일 행복할 수 있다.

실전 모의고사1

제1부분

📖 본문 p.157

🎧 듣기 대본

1. 这个周六一起去看电影吧。
2. 我除了咖啡什么都不想喝。
3. 我家附近有个大超市。
4. 我妹妹又聪明又可爱。
5. 比赛的结果让我很满意。
6. 我们的关系没有以前好了。
7. 请大家在参观时注意安全。
8. 王叔叔的普通话说得很标准。
9. 他们一起坐火车去上海了。
10. 我保证下次按时完成任务。

해석 및 풀이

1 这个周六/一起去看电影吧。　이번 주 토요일에 같이 영화 보러 가자.
Zhège zhōu liù yìqǐ qù kàn diànyǐng ba.

2 我除了咖啡/什么都不想喝。　나는 커피 외에 아무것도 마시고 싶지 않아.
Wǒ chúle kāfēi shénme dōu bù xiǎng hē.

3 我家附近/有个大超市。　우리 집 근처에 큰 슈퍼 마켓이 하나 있어.
Wǒ jiā fùjìn yǒu ge dà chāoshì.

4 我妹妹/又聪明/又可爱。　내 여동생은 똑똑하고 귀여워.
Wǒ mèimei yòu cōngming yòu kě'ài.

5 比赛的结果/让我很满意。　나는 경기 결과에 매우 만족한다.
Bǐsài de jiéguǒ ràng wǒ hěn mǎnyì.

6 我们的关系/没有以前好了。　우리 사이는 예전만큼 좋지 않다.
Wǒmen de guānxi méiyǒu yǐqián hǎo le.

7 请大家/在参观时/注意安全。　관람 시 안전에 유의하세요.
Qǐng dàjiā zài cānguān shí zhùyì ānquán.

8 王叔叔的普通话/说得很标准。　왕 아저씨는 표준어를 매우 정확하게 구사한다.
Wáng shūshu de pǔtōnghuà shuō de hěn biāozhǔn.

9 他们一起/坐火车/去上海了。　그들은 함께 기차를 타고 상하이에 갔다.
Tāmen yìqǐ zuò huǒchē qù Shànghǎi le.

10 我保证/下次按时完成/任务。　다음에 제시간에 임무를 완성할 것을 약속한다.
Wǒ bǎozhèng xià cì ànshí wánchéng rènwù.

제2부분

📖 본문 p.157

第二部分：第11题，看图说话。

모범 답안

下面/我开始回答/第十一题。图片上的人/正在图书馆里/学习,
Xiàmiàn wǒ kāishǐ huídá dì shíyī tí. Túpiàn shang de rén zhèngzài túshūguǎn li xuéxí,

她看起来/非常认真。我/是一个/大学生，我也/每天都去图书馆/学习。
tā kàn qǐlai fēicháng rènzhēn. Wǒ shì yí ge dàxuéshēng, wǒ yě měi tiān dōu qù túshūguǎn xuéxí.

虽然/很多人喜欢/在家里学习，但是/我更喜欢/在图书馆/学习的气氛。
Suīrán hěn duō rén xǐhuan zài jiā li xuéxí, dànshì wǒ gèng xǐhuan zài túshūguǎn xuéxí de qìfēn.

因为最近/我在准备/一个重要的考试，所以/经常去图书馆。
Yīnwèi zuìjìn wǒ zài zhǔnbèi yí ge zhòngyào de kǎoshì, suǒyǐ jīngcháng qù túshūguǎn.

只要/我不打工的话，我就/去图书馆学习。
Zhǐyào wǒ bù dǎgōng dehuà, wǒ jiù qù túshūguǎn xuéxí.

我现在/坚持/每天学习/两个小时，我打算/从明天开始/每天学习/三个小时。
Wǒ xiànzài jiānchí měi tiān xuéxí liǎng ge xiǎoshí, wǒ dǎsuan cóng míngtiān kāishǐ měi tiān xuéxí sān ge xiǎoshí.

上个学期/我的成绩/不错，我希望/这个学期/也能得到/好成绩。
Shàng ge xuéqī wǒ de chéngjì búcuò, wǒ xīwàng zhège xuéqī yě néng dédào hǎo chéngjì.

해석 그럼 11번 문제에 대한 답변을 시작하겠습니다. 사진에 있는 사람은 지금 도서관에서 공부를 하고 있다. 그녀는 매우 열심히 하고 있는 것 같다. 저는 대학생인데, 저도 매일 도서관에 공부하러 간다. 비록 많은 사람들은 집에서 공부하는 것을 좋아하지만, 저는 도서관에서 공부하는 분위기를 더 좋아한다. 최근에 저는 중요한 시험을 준비하고 있어서, 자주 도서관에 간다. 아르바이트가 없는 날이면, 저는 바로 도서관에 가서 공부를 한다. 저는 지금 매일 두 시간 공부하고 있는데, 내일부터 매일 세 시간씩 공부할 것이다. 지난 학기에 제 성적이 좋았는데, 이번 학기에도 좋은 성적을 받을 수 있기를 바란다.

第二部分：第12题，看图说话。

모범 답안

下面/我开始回答/第十二题。图片上的人/正在打篮球，这/让我想起了/我的兴趣爱好。
Xiàmiàn wǒ kāishǐ huídá dì shí'èr tí. Túpiàn shang de rén zhèngzài dǎ lánqiú, zhè ràng wǒ xiǎngqǐ le wǒ de xìngqù àihào.

我/是一个/大学生，平时/我也很喜欢/打篮球。
Wǒ shì yí ge dàxuéshēng, píngshí wǒ yě hěn xǐhuan dǎ lánqiú.

如果/没什么/事的话，我周末/一般都会/去打篮球。我喜欢/和朋友们/一起打篮球。
Rúguǒ méi shénme shì dehuà, wǒ zhōumò yìbān dōu huì qù dǎ lánqiú. Wǒ xǐhuan hé péngyoumen yìqǐ dǎ lánqiú.

因为/这不仅能/锻炼身体，还能/和朋友们/度过愉快的时间。
Yīnwèi zhè bùjǐn néng duànliàn shēntǐ, hái néng hé péngyoumen dùguò yúkuài de shíjiān.

打完球/我们经常一起吃饭，一边/吃饭，一边/聊天。时间过得/特别快。
Dǎwán qiú wǒmen jīngcháng yìqǐ chī fàn, yìbiān chī fàn, yìbiān liáotiān. Shíjiān guò de tèbié kuài.

上个星期/我也和几个朋友一起/打了一场篮球，我们队/赢了，我/特别开心。
Shàng ge xīngqī wǒ yě hé jǐ ge péngyou yìqǐ dǎ le yì chǎng lánqiú, wǒmen duì yíng le, wǒ tèbié kāixīn.

그럼 12번 문제에 대한 답변을 시작하겠습니다. 사진에 있는 사람은 지금 농구를 하고 있다. 이는 제 취미를 생각나게 한다. 저는 대학생인데, 평소에 저도 농구하는 것을 좋아한다. 별다른 일이 없다면, 저는 주말에 보통 농구를 하러 간다. 저는 친구들과 함께 농구하는 것을 좋아하는데, 이것은 운동이 될 뿐만 아니라, 친구들과 즐거운 시간을 보낼 수 있기 때문이다. 농구가 끝나면 우리는 항상 같이 밥을 먹는데, 밥 먹으면서 이야기를 나누면, 시간이 아주 빠르게 지나간다. 지난 주에도 저는 몇 명의 친구들과 함께 농구를 했는데, 우리 팀이 이겨서 저는 매우 기뻤다.

제3부분

본문 p.150

第三部分：第13题，回答问题。（2分钟）

> 13. Nǐ zuì xǐhuan nǎge jìjié? Wèi shéme?
>   你最喜欢哪个季节？为什么？

모범 답안

 MP3 21-4

每个人/喜欢的季节/都不同，有人/喜欢春天，因为/春天/很暖和。
Měi ge rén xǐhuan de jìjié dōu bùtóng, yǒu rén xǐhuan chūntiān, yīnwèi chūntiān hěn nuǎnhuo.

有人/喜欢夏天，因为/夏天/可以去游泳。
Yǒu rén xǐhuan xiàtiān, yīnwèi xiàtiān kěyǐ qù yóuyǒng.

还有人/喜欢秋天，因为/秋天/可以去看枫叶。
Hái yǒu rén xǐhuan qiūtiān, yīnwèi qiūtiān kěyǐ qù kàn fēngyè.

对我来说，我/最喜欢的季节/是冬天。因为/冬天/可以去滑冰，可以去滑雪，
Duì wǒ lái shuō, wǒ zuì xǐhuan de jìjié shì dōngtiān. Yīnwèi dōngtiān kěyǐ qù huábīng, kěyǐ qù huáxuě,

还可以/堆雪人、打雪仗，这些都是/只有/在冬天/才能玩儿的游戏。
hái kěyǐ duī xuěrén, dǎ xuězhàng, zhèxiē dōu shì zhǐyǒu zài dōngtiān cái néng wánr de yóuxì.

而且/我是冬天出生的，每年/我过生日的时候，家人/和朋友们/都会为我庆祝。

Érqiě wǒ shì dōngtiān chūshēng de, měi nián wǒ guò shēngrì de shíhòu, jiārén hé péngyoumen dōu huì wèi wǒ qìngzhù.

每年冬天/我都有很多/美好的回忆，所以/我最喜欢冬天。

Měi nián dōngtiān wǒ dōu yǒu hěn duō měihǎo de huíyì, suǒyǐ wǒ zuì xǐhuan dōngtiān.

> **해석** 사람마다 좋아하는 계절이 모두 다른데, 어떤 사람은 봄에 날씨가 따뜻해서 봄을 좋아하고, 어떤 사람은 여름에 수영할 수 있어서 여름을 좋아한다. 또 어떤 사람은 가을을 좋아하는데, 단풍을 보러 갈 수 있기 때문이다. 제가 가장 좋아하는 계절은 겨울이다. 왜냐하면 겨울에는 스케이트를 탈 수도 있고, 스키를 타러 갈 수도 있고, 눈사람도 만들 수 있고, 눈싸움도 할 수 있다. 이 모든 것들은 겨울에만 할 수 있는 놀이이다. 게다가 저는 겨울에 태어나서, 매년 생일 때 가족과 친구들이 모두 축하를 해준다. 매년 겨울마다 좋은 추억들이 많기 때문에 저는 겨울을 가장 좋아한다.

第三部分：第14题，回答问题。（2分钟）

14. Jièshào yí ge duì nǐ yǐngxiǎng zuì dà de rén.
    介绍一个对你影响最大的人。

모범 답안

我想介绍一下/我的朋友多恩。我觉得/她对我的影响/最大。

Wǒ xiǎng jièshào yíxià wǒ de péngyou Duō'ēn. Wǒ juéde tā duì wǒ de yǐngxiǎng zuì dà.

多恩是/我最好的朋友，我们是/在汉语学习班/认识的。

Duō'ēn shì wǒ zuì hǎo de péngyou, wǒmen shì zài Hànyǔ xuéxí bān rènshi de.

我们俩/都对汉语/很感兴趣，喜欢中国文化，所以/很快就成了/好朋友。

Wǒmen liǎ dōu duì Hànyǔ hěn gǎn xìngqù, xǐhuan Zhōngguó wénhuà, suǒyǐ hěn kuài jiù chéng le hǎo péngyou.

我觉得/我能坚持学汉语/就是因为有多恩，我们/互相鼓励，互相支持，所以/坚持到了现在。

Wǒ juéde wǒ néng jiānchí xué Hànyǔ jiùshì yīnwèi yǒu Duō'ēn, wǒmen hùxiāng gǔlì, hùxiāng zhīchí, suǒyǐ jiānchídào le xiànzài.

多恩的优点很多，她性格开朗，学习认真。

Duō'ēn de yōudiǎn hěn duō, tā xìnggé kāilǎng, xuéxí rènzhēn.

她身上有/很多值得我/学习的地方，我觉得/认识她/是我人生中的一大幸事。

Tā shēnshang yǒu hěn duō zhídé wǒ xuéxí de dìfang, wǒ juéde rènshi tā shì wǒ rénshēng zhōng de yí dà xìngshì.

해석 저는 제 친구 다은이를 소개하고 싶다. 저는 그녀가 저에게 가장 큰 영향을 주었다고 생각한다. 다은이는 제 가장 친한 친구인데, 우리는 중국어 학원에서 알게 된 것이다. 우리 둘 다 중국어에 관심이 많고, 중국 문화를 좋아하기 때문에, 빠르게 좋은 친구가 되었다. 저는 제가 중국어를 꾸준히 공부할 수 있는 이유가 바로 다은이 덕분이라고 생각한다. 우리는 서로 격려하고, 서로 지지하여 지금까지 유지해왔다. 다은이는 장점이 많은데, 성격이 명랑하고, 공부를 열심히 한다. 그녀는 배울 점이 많은데, 저는 그녀를 알게 된 것이 제 인생의 큰 행운이라고 생각한다.

MP3 22-1

제1부분

📖 본문 p.160

🎧 듣기 대본

1. 这场球赛我们队一定会赢。
2. 故宫是中国著名的景点之一。
3. 经理对小李的面试态度非常满意。
4. 先生，这里禁止停车。
5. 这位演员表演得相当精彩。
6. 千万别忘了带护照。
7. 王先生的办公室在1205号。
8. 银行卡的密码是我的生日。
9. 我打算周末和朋友们一起去逛街。
10. 麻烦你，能不能帮我照一张相？

해석 및 풀이

1 这场球赛/我们队/一定会赢。　이번 경기 우리 팀이 반드시 이길거야.
Zhè chǎng qiúsài wǒmen duì yídìng huì yíng.

2 故宫是/中国著名的/景点之一。　고궁은 중국에서 유명한 명소 중 하나이다.
Gùgōng shì Zhōngguó zhùmíng de jǐngdiǎn zhīyī.

3 经理/对小李的面试态度/非常满意。
Jīnglǐ duì Xiǎo Lǐ de miànshì tàidù fēicháng mǎnyì.
사장님은 샤오리의 면접 태도에 대해 매우 만족한다.

4 先生，这里/禁止停车。　선생님, 이 곳은 주차를 금지합니다.
Xiānsheng, zhèli jìnzhǐ tíng chē.

5 这位演员/表演得/相当精彩。　이 배우는 연기를 상당히 훌륭하게 한다.
Zhè wèi yǎnyuán biǎoyǎn de xiāngdāng jīngcǎi.

6 千万别忘了/带护照。　여권 챙기는 것을 절대 까먹지 마.
Qiānwàn bié wàng le dài hùzhào.

7 张老师的办公室/在1205号。　장 선생님의 사무실은 1205호에 있다.
Zhāng lǎoshī de bàngōngshì zài yāo èr líng wǔ hào.

8 银行卡的密码/是我的生日。　은행 카드의 비밀번호는 내 생일이다.
Yínháng kǎ de mìmǎ shì wǒ de shēngrì.

9 我打算/周末和朋友们一起/去逛街。
Wǒ dǎsuan zhōumò hé péngyoumen yìqǐ qù guàng jiē.
나는 주말에 친구들과 함께 쇼핑하러 갈 예정이다.

10 麻烦你，能不能帮我/照一张相？　죄송하지만, 사진 한 장 찍어주시겠어요?
Máfan nǐ, néng bu néng bāng wǒ zhào yì zhāng xiàng?

제2부분

📖 본문 p.160

第二部分：第11题，看图说话。

모범 답안

下面/我开始回答/第十一题。我爸爸/在一家外国公司/工作，他的工作/特别忙。

Xiàmiàn wǒ kāishǐ huídá dì shíyī tí. Wǒ bàba zài yì jiā wàiguó gōngsī gōngzuò, tā de gōngzuò tèbié máng.

跟图片上的这个人/一样，他经常/开会，他的公司/和很多公司/合作。

Gēn túpiàn shang de zhège rén yíyàng, tā jīngcháng kāihuì, tā de gōngsī hé hěn duō gōngsī hézuò.

爸爸是/一个很能干的人，所以/他的同事们/都很喜欢他。

Bàba shì yí ge hěn nénggàn de rén, suǒyǐ tā de tóngshìmen dōu hěn xǐhuan tā.

虽然/爸爸的工作压力/很大，但是/他很喜欢/这份工作。

Suīrán bàba de gōngzuò yālì hěn dà, dànshì tā hěn xǐhuan zhè fèn gōngzuò.

爸爸经常说/他工作的时候/最有成就感。

Bàba jīngcháng shuō tā gōngzuò de shíhou zuì yǒu chéngjiùgǎn.

我特别/尊敬他，我希望/能成为/像爸爸一样/有能力的人。第十一题/回答完了。

Wǒ tèbié zūnjìng tā, wǒ xīwàng néng chéngwéi xiàng bàba yíyàng yǒu nénglì de rén. Dì shíyī tí huídáwán le.

> 해석 | 그럼 11번 문제에 대한 답변을 시작하겠습니다. 우리 아빠는 외국 기업에서 일하는데, 그의 업무는 매우 바쁘다. 사진에 있는 이 사람처럼, 그는 자주 회의를 하고, 그의 회사는 많은 회사와 협력을 한다. 아빠는 유능한 사람이기 때문에, 그의 동료들도 모두 그를 좋아한다. 비록 아빠의 업무 스트레스가 심하지만, 그는 그의 일을 매우 좋아한다. 아빠는 항상 일할 때 가장 보람을 느낀다고 말한다. 저는 아빠를 특히 존경하는데, 아빠처럼 유능한 사람이 될 수 있기를 희망한다. 11번 문제 답변 끝났습니다.

第二部分：第12题，看图说话。

모범 답안

下面/我开始回答/第十二题。图片上的两个人/正在举行/毕业典礼，她们看起来/非常开心。

Xiàmiàn wǒ kāishǐ huídá dì shí'èr tí. Túpiàn shang de liǎng ge rén zhèngzài jǔxíng bìyè diǎnlǐ, tāmen kàn qǐlai fēicháng kāixīn.

这/让我想起了/我姐姐的毕业典礼。对我来说，生活/应该有仪式感。

Zhè ràng wǒ xiǎngqǐ le wǒ jiějie de bìyè diǎnlǐ. Duì wǒ lái shuō, shēnghuó yīnggāi yǒu yíshìgǎn.

不管是家人/还是朋友，只要/有人毕业，我就/一定会/为他们庆祝。

Bùguǎn shì jiārén háishi péngyou, zhǐyào yǒu rén bìyè, wǒ jiù yídìng huì wèi tāmen qìngzhù.

今年/我姐姐/毕业的时候，我们一家人/聚在一起/为她庆祝了。

Jīnnián wǒ jiějie bìyè de shíhou, wǒmen yìjiārén jùzài yìqǐ wèi tā qìngzhù le.

爸爸/给姐姐/照了毕业照片，妈妈/给姐姐/买了一个漂亮的钱包，我/给姐姐/买了一块儿大蛋糕。

Bàba gěi jiějie zhào le bìyè zhàopiàn, māma gěi jiějie mǎi le yí ge piàoliang de qiánbāo, wǒ gěi jiějie mǎi le yí kuàir dà dàngāo.

收到/我们的祝福，姐姐/非常开心。她说/她永远也忘不了/她的毕业典礼。

Shōudào wǒmen de zhùfú, jiějie fēicháng kāixīn. Tā shuō tā yǒngyuǎn yě wàng bu liǎo tā de bìyè diǎnlǐ.

제3부분

📖 본문 p.161

第三部分：第13题，回答问题。（2分钟）

13. Nǐ zài shēnghuó huò gōngzuò zhōng yùdào yālì shí, huì rúhé huǎnjiě?
    你在生活或工作中遇到压力时，会如何缓解？

모범 답안

每个人缓解压力的方式/当然都不同，有的人/和朋友一起玩儿，有的人/喜欢通过运动/缓解压力。
Měi ge rén huǎnjiě yālì de fāngshì dāngrán dōu bùtóng, yǒude rén hé péngyou yìqǐ wánr, yǒude rén xǐhuan tōngguò yùndòng huǎnjiě yālì.

对我来说，我喜欢/通过运动/来缓解压力。我从小就会/骑自行车。
Duì wǒ lái shuō, wǒ xǐhuan tōngguò yùndòng lái huǎnjiě yālì. Wǒ cóngxiǎo jiù huì qí zìxíngchē.

我周围很多朋友/也都会/骑自行车，所以/我经常和朋友们/一起去骑自行车。
Wǒ zhōuwéi hěn duō péngyou yě dōu huì qí zìxíngchē, suǒyǐ wǒ jīngcháng hé péngyou men yìqǐ qù qí zìxíngchē.

而且/骑自行车还可以/看路边的风景，可以/让心情好起来。
Érqiě qí zìxíngchē hái kěyǐ kàn lùbiān de fēngjǐng, kěyǐ ràng xīnqíng hǎo qǐlái.

我觉得/这是一个 很好的/缓解压力 的方式。

Wǒ juéde zhè shì yí ge hěn hǎo de huǎnjiě yālì de fāngshì.

其实/有时候因为/我学习 很忙， 所以/压力很大。

Qíshí yǒu shíhou yīnwèi wǒ xuéxí hěn máng, suǒyǐ yālì hěn dà.

以后/我要争取/每周去骑一次/自行车， 坚持运动， 让自己的身体/健康， 也有/快乐的心情。

Yǐhòu wǒ yào zhēngqǔ měi zhōu qù qí yí cì zìxíngchē, jiānchí yùndòng, ràng zìjǐ de shēntǐ jiànkāng, yě yǒu kuàilè de xīnqíng.

해석 사람마다 스트레스를 해소하는 방법은 당연히 다 다르다. 어떤 사람은 친구와 함께 놀고, 어떤 사람은 운동을 통해 스트레스 해소하는 것을 좋아한다. 저는 운동을 통해 스트레스 해소하는 것을 좋아한다. 저는 어릴 때 부터 자전거를 탈 줄 알았는데, 제 주변에 많은 친구들도 다 자전거를 탈 줄 알아, 저는 자주 친구들과 함께 자전거를 탄다. 게다가 자전거를 타면 길가의 풍경도 볼 수 있고, 기분도 좋아진다. 저는 이것이 매우 좋은 스트레스 해소 방법이라고 생각한다. 사실 최근에 공부하기 바빠 스트레스가 많았다. 앞으로 저는 매주에 한 번씩 자전거를 타고 꾸준히 운동할 수 있도록 노력하겠다. 스스로의 몸도 더 건강해지고 기분도 더 좋아질 것이다.

第三部分： 第14题，回答问题。 （2分钟）

14. Suízhe wǎngluò de fāzhǎn, rénmen zhījiān de jùlí biànjìn le háishì biànyuǎn le? Qǐng tántan nǐ de yìjiàn.
随着网络的发展，人们之间的距离变近了还是变远了？请谈谈你的意见。

모범 답안

任何东西/都有 两面性， 网络/也不例外。 网络/对我有 好的影响， 也有/坏的影响。

Rènhé dōngxi dōu yǒu liǎngmiànxìng, wǎngluò yě bú lìwài. Wǎngluò duì wǒ yǒu hǎo de yǐngxiǎng, yě yǒu huài de yǐngxiǎng.

好的影响 是， 有了/网络以后， 我可以/随时 和家人、朋友/沟通了。

Hǎo de yǐngxiǎng shì, yǒu le wǎngluò yǐhòu, wǒ kěyǐ suíshí hé jiārén, péngyou gōutōng le.

网络/给我带来了/很大的方便，它的优点/是不言而喻的。
Wǎngluò gěi wǒ dàilái le hěn dà de fāngbiàn, tā de yōudiǎn shì bùyán'éryù de.

坏的影响/就是它/占用了我很多的时间。
Huài de yǐngxiǎng jiùshì zhànyòng le wǒ hěn duō de shíjiān.

有了/网络以后，我经常在网上/看新闻和有意思的视频。
Yǒu le wǎngluò yǐhòu, wǒ jīngcháng zài wǎng shang kàn xīnwén hé yǒu yìsī de shìpín.

这/也让我和家人、朋友沟通的时间/变少了。
Zhè yě ràng wǒ hé jiārén, péngyou gōutōng de shíjiān biànshǎo le.

但/这其实不是/网络的问题，而是/我不能控制/自己的问题。
Dàn zhè qíshí bú shì wǎngluò de wèntí, érshì wǒ bù néng kòngzhì zìjǐ de wèntí.

只要/我能控制/自己上网的时间，我认为/网络的好处/还是比坏处多。
Zhǐyào wǒ néng kòngzhì zìjǐ shàngwǎng de shíjiān, wǒ rènwéi wǎngluò de hǎochù háishi bǐ huàichù duō.

> **해석** 모든 것에는 양면성이 있는데, 인터넷도 예외는 아니다. 인터넷은 저에게 좋은 영향도 주고, 나쁜 영향도 준다. 좋은 영향은, 인터넷이 생기고 나서, 언제든지 가족과 친구들과 소통할 수 있게 되었다. 인터넷이 저에게 많은 편리함을 가져다 주었다. 인터넷의 장점은 말하지 않아도 다 아는 것이다. 나쁜 영향은 바로 저의 시간을 차지 한다는 것이다. 인터넷이 생기고 나서 저는 자주 인터넷으로 뉴스나 재미있는 영상을 본다. 이는 가족과 친구 들과 소통하는 시간을 줄어들게 했다. 그러나, 이것은 인터넷의 문제가 아니라 제가 스스로 자제하지 못한 문제 이다. 제가 인터넷을 하는 시간을 잘 조절할 수 있다면, 저는 인터넷의 장점이 단점보다 더 많다고 생각한다.